DIE WELT DER

ENGEL

DIE WELT DER
ENGEL

GOSSAMER PENWYCHE

Illustrationen von
Grahame Baker-Smith

Bassermann

Der Text dieses Buches entspricht den Regeln der neuen deutschen Rechtschreibung.

ISBN 3 8094 1825 0

Das Buch ist unter dem Originaltitel »The World of Angels« 2002 zuerst erschienen bei Godsfield Press, einem Unternehmen der Octopus Publishing Group Ltd
2-4 Heron Quays, Docklands, London E14 4JP

Umschlaggestaltung: Atelier Versen, Bad Aibling
Übersetzung: Berliner Buchwerkstatt, Martin Rometsch
Lektorat: Berliner Buchwerkstatt, Vera Olbricht
Layout: Berliner Buchwerkstatt, Britta Dieterle
Illustrationen: Grahame Baker-Smith

Printed and bound in China

817 2635 4453 6271

Widmung

Für Ma, Pig, Gita, Alma und Ilzie –
Frauen mit Flügeln, hier und in der anderen Welt.

INHALT

Einführung

Manche Menschen behaupten mit größtem Ernst, sie hätten einen Schutzengel. Viele andere (ihre Zahl scheint allerdings geringer zu werden) leugnen hingegen die Existenz solch himmlischer Wesen entschieden. Doch selbst Ungläubige empfangen unbewusste Botschaften von den vielen Engeln, deren Bilder uns in der Weihnachtszeit mit besten Absichten überfallen. Einerlei, ob wir an Engel glauben oder nicht, sie erinnern uns an Gott und an den Himmel. Das Wort »Engel« ist vom griechischen angelos *abgeleitet, das »Bote« bedeutet.*

Die meisten Religionen kennen Engel, die Menschen auf das Göttliche aufmerksam machen und darüber hinaus noch viele andere Aufgaben haben. Als Boten Gottes helfen sie den Seelen beim Übergang vom Leben zum Tod; sie heilen Krankheiten, finden verlorene Dinge, bringen Verirrte und Bedrängte in Sicherheit, helfen Soldaten im Kampf, besiegen Feinde und verhelfen unfruchtbaren Frauen zu Kindern. Aber sie tragen auch Verantwortung im Himmel; vor allem schützen und dienen sie Gott. Andererseits gibt es auch gefallene Engel, die sich gegen Gott und das Heilige auflehnen. Dämonen und böse Geister führen Menschen in die Irre, verwirren und verderben sie.

Erzengel Gabriel

Schutzengel Kwan Yin

Am bekanntesten sind die Engel – auch die gefallenen – der drei großen monotheistischen Religionen: Judentum, Christentum und Islam. Der Glaube an Geistführer ist jedoch viel älter und weiter verbreitet. Man hat Bilder von geflügelten Menschen auf mesopotamischen Keilschrifttafeln gefunden, die bis zu 5000 Jahre alt sind. Viel später machten Juden und Christen aus einigen sumerischen, assyrischen und babylonischen Göttern gefallene Engel. Das Pantheon der alten Ägypter enthielt zahlreiche geflügelte Menschen und Tiermenschen, darunter Isis, die göttliche Mutter, Maat, die Göttin der Gerechtigkeit, und Horus, der falkenköpfige Himmelsgott.

Der persische Prophet Zoroaster (7. Jahrhundert v. Chr.) gründete eine monotheistische Religion mit einer Hierarchie von Engeln, die großen Einfluss auf das Judentum (also auch auf das Christentum) und den Islam ausübte.

Die *amescha spentas* sind die sechs Erzengel des Zoroastrismus. Sie dienen Ahura Masda, dem Schöpfer, und verkörpern seine sechs Eigenschaften: Weisheit, Wahrheit, Hingabe, gewünschte Herrschaft, Vollkommenheit und Unsterblichkeit. Ihnen untergeordnet sind die *jasata*, die Menschen helfen. Der berühmteste Jasata ist Mithras, der Engel des Lichts und Mittelpunkt des Mithraskultes.

Cherubim: universelle Engel

Das Judentum war bereits gefestigt, als der Zoroastrismus es beeinflusste, und die Engel passten gut in die polytheistische Religion der jüdischen Stämme. Der ungreifbare, namenlose hebräische Gott hatte zwar den Götzendienst verboten, aber göttliche Boten machten ihn zugänglicher. Im Alten Testament gibt es viele Geschichten über Engel, aber nur zwei werden namentlich genannt: der Erzengel Michael und der Erzengel Gabriel.

Sobald die Engel die Herzen der Gläubigen erobert hatten, wuchs ihre Macht. Die ersten christlichen Bischöfe fürchteten sogar, die Verehrung von Engeln verfälsche den Glauben. Aber die Engel blieben. Als klar war, dass die Menschen nicht auf sie verzichten wollten, entstand sogar ein neues Studienfach, die Angelologie. Einer seiner berühmtesten Vertreter war ein Schriftsteller, der sich Dionysius der Areopagit nannte (nach einem angesehenen griechischen Richter, der sich bekehrt hatte). Etwa im 6. Jahrhundert schrieb dieser »Pseudo-Dionysius« die *Himmlische Hierarchie*, eine Abhandlung über die komplizierte himmlische Rangordnung. Dank des falschen Verfassernamens wurde dieses Traktat von den Christen sofort akzeptiert, und als seine Herkunft entlarvt wurde, hatte die Engelshierarchie sich bereits durchgesetzt – sie ist heute noch die bekannteste.

Dionysius teilte die Engel in neun Ordnungen ein. Je ferner sie Gott und je näher sie der Erde sind, desto geringer ist ihr Rang. Die höchste Ordnung sind die *Seraphim*, die Gottes Thron umringen. Nach ihnen kommen die *Cherubim*, dann die *Throne, Herrschaften, Tugenden, Mächte, Fürstentümer, Erzengel* und *Engel*.

Engel sind Boten Gottes, und wir finden sie in jeder Religion. Sie können ungreifbar und

Die visionäre Johanna von Orleans

dennoch real wie eine Idee sein – etwa die griechischen Dämonen – oder einen Körper aus Fleisch und Blut besitzen wie der buddhistische *Bodhisattwa*. Bei den Indianern treten Himmelsboten als Totemtiere auf. So unterschiedlich sie auch sein mögen, sie haben alle eine ähnliche Aufgabe: die Menschen zu unterstützen, zu führen und zu inspirieren.

Ein gefallener Engel: Astarte

Seit uralten Zeiten sagen die Menschen »Ein Engel geht vorbei«, wenn ein Gespräch stockt. Vielleicht werden solche seltsamen, unerwarteten Augenblicke der Stille deshalb den Engeln zugeschrieben, weil sie uns Gelegenheit geben, innezuhalten und zu staunen. Engel sind so tief mit unserem kollektiven Unbewussten verwoben, dass es fast absurd wäre, ihre Existenz zu leugnen – das gliche der Behauptung, es gebe keine Gedanken.

Engel erinnern uns an die Heiligkeit des täglichen Lebens; das ist ihre wichtigste Aufgabe. Schon das Bild eines Engels auf einer Grußkarte vermittelt diese Botschaft. Ob wir darauf achten, liegt an uns.

Uriel

Michael

Raphael

Gabriel

Erzengel

Das Wort Erzengel steht für eine bestimmte Gruppe von Engeln in der himmlischen Hierarchie. Nach der Rangordnung des Pseudo-Dinoysius, die Ende des 5. oder Anfang des 6. Jahrhunderts entstand, sind die Erzengel die zweitniedrigste Gruppe. Das hat Engelverehrer verwirrt, weil einige der wichtigsten Engel, etwa Michael und Gabriel, als Erzengel gelten. Insofern ist es aus kirchlicher Sicht falsch, alle Engel oberhalb der neunten und geringsten Ordnung als Erzengel zu bezeichnen. Theologen und Mystiker streiten sich seit Jahrhunderten über die genaue Rangfolge; doch im Allgemeinen weist die Vorsilbe Erz-, die aus dem Griechischen »Arch-« (»Herrscher«) kommt, auf einen besonderen Status hin.

Uriel

Einerlei, welcher Rangordnung man folgt, Erzengel sind Himmelsboten, die Menschen im Auftrag Gottes mit Wissen oder Prophezeiungen versorgen. Höhere Engel mischen sich nicht unter die Menschen, und darum passt die Rolle der göttlichen Boten am besten zu den Erzengeln.

Zahlreiche Schriften geben genau an, welche und wie viele Engel als Erzengel gelten dürfen. Der Islam kennt vier Erzengel, obwohl der Koran nur Jibril (Gabriel) und Mikail (Michael) erwähnt. Die beiden anderen sind Azrael und Israfel, die Engel des Todes und der Musik. Azrael wurde zum Todesengel, weil er Gott half, Adam zu erschaffen, was die anderen drei Erzengel nicht konnten. Sozusagen der Vierte, Israfel, wird am Tag des Gerichts die Trompete blasen.

Die jüdisch-christliche Tradition kennt sieben Erzengel. Die bekanntesten sind Michael, Gabriel, Raphael und Uriel (der in älteren jüdischen Schriften Phanuel heißt). Die Namen der anderen drei sind umstritten. Das *Buch Henoch* nennt sie Raguel,

Gabriel

Seraqael und Haniel. Andere in verschiedenen Texten erwähnte Erzengel sind Metatron, Anael, Raziel, Jophiel und Zadkiel. In der Kosmologie des Mittelalters entsprachen die sieben Erzengel den damals bekannten sieben Planeten und den Wochentagen. Die Listen der Erzengel, Planeten und Tage sind jedoch ebenfalls sehr unterschiedlich.

Die Kabbala nennt neun Erzengel, und andere esoterische Quellen sowie das New Age verbinden jeden Erzengel mit einem der zwölf Tierkreiszeichen. Doch selbst Erzengel brauchen einen Chef, und mit diesem Titel wurden seit alters her mehrere Engel geehrt, zum Beispiel Metatron, Michael, Gabriel, Raphael und – vor seinem Fall – Luzifer.

MICHAEL

Der Erzengel Michael – »der Gottgleiche« – gilt als größter aller Engel. Für die Juden ist er der Ethnarch, der Schutzengel Israels. Obwohl er zu den Erzengeln gehört, herrscht er über die Seraphim, die höchste Ordnung der Engel. Im Islam heißt er Mikail.

Die Offenbarung *berichtet, dass Michael als Anführer der himmlischen Heerscharen Luzifer und seine Anhänger besiegt. Viele alte Bilder stellen ihn als stattlichen, kühnen Jüngling dar, der über einem besiegten Drachen (Luzifer oder Satan) schwebt. Er trägt eine Rüstung, ein Schwert und einen Schild, oft auch die Waage der Gerechtigkeit, weil er zugleich der Engel des Jüngsten Gerichts ist und über das Schicksal der Seelen entscheidet. In jüdischen Legenden hält er Abraham davon ab, seinen Sohn Isaak zu opfern, und er gilt als Engel des brennenden Busches, dem Moses begegnet.*

Die Botschaft des Engels Die Suche nach der Wahrheit ist oft schwer, denn sie ist subjektiv, und gegensätzliche »Wahrheiten« lösen häufig Streit aus. Michael lehrt uns, spirituelle Krieger zu sein, unsere Integrität tapfer zu verteidigen und schonungslos auf alles zu verzichten, was uns dem höchsten Ziel nicht näher bringt. Kompromisse im Glauben lösen äußeres und inneres Chaos aus. Manche Kompromisse sind gut gemeint, etwa wenn sie Feinde versöhnen sollen; aber ein Friede ohne Integrität ist nicht dauerhaft.

Die Wahrheit ist eine Waffe gegen Unwissenheit und Furcht. Finden Sie Ihre Wahrheit, denn mit ihr ist es leichter, Dämonen zu bekämpfen.

Krieg im Himmel

Erzengel Michael, Fürst des Lichts, Hüter des Friedens und Befehlshaber der himmlischen Heerscharen, stand auf dem höchsten Berg im Himmel. Unter seinen Füßen dehnte sich die himmlische Ebene bis ins Unendliche aus. In der rechten Hand hielt er das Schwert der Wahrheit, in der linken den Schild, der die Schläge Luzifers, des Fürsten der Dunkelheit und Anführers der Rebellen, abwehren sollte.

Luzifer, einst der große Herrscher der Seraphim und enger Vertrauter Gottes, hatte gesündigt und war stolz geworden. Er wollte seinem Herrn nicht ewig dienen und gehorchen. Er hielt sich für allwissend und ebenso mächtig wie Gott und wollte es beweisen. Also zettelte er mit den schwächsten und nachgiebigsten Engeln einen Aufstand gegen Gott und dessen treue Engel an.

Diese Rebellion sollte Michael niederschlagen. Er versammelte seine Krieger um sich, und obwohl sie die Zahl der Abtrünnigen weit übertrafen, würde der Kampf hart werden. Luzifer war für seine Tücke bekannt, doch Michael besaß das Schwert der Wahrheit. Das Heer versammelte sich am Fuße des Berges und wartete auf Michaels Befehle.

Viele weiße und silberne Wolken schmückten den azurblauen Himmel. Aber die Stille und Schönheit war von kurzer Dauer, denn am Horizont bildete sich eine dunkle, unheilvolle Wolke. Lange, spitze Flammen zuckten aus den zornigen Rauch- und Aschewolken. Luzifers Horde näherte sich rasch. Michael und die Engel warteten regungslos und beobachteten das gewaltige Heer auf der Ebene. Alle Augen richteten sich auf Michael, als er entschlossen das Schwert hob. Plötzlich brach ein riesiger Drache grollend aus der schwarzen Wolke hervor und stürzte sich auf Michael. Der schwang das Schwert und rief: »Im Namen Gottes – jetzt!« Auf einem anderen Gipfel stieß der Erzengel Gabriel in seine Trompete, um den Beginn des Angriffs zu verkünden.

Engel kämpften gegeneinander, Schwerter krachten zusammen, Pfeile zischten durch die Luft. Michael stellte sich dem Drachen hoch über dem Handgemenge, weil die Reinheit des Firmamentes Luzifer schwächte. Dennoch: Der Drache spie Feuer, doch Michaels Schild hielt stand, und sein Schwert traf zielsicher Luzifer mit jedem Streich – jedoch ohne ihn tatsächlich aufzuhalten. Michael erkannte rasch, dass ihm letztlich nur ein Schlag ins böse Herz des Feindes den Sieg bescheren konnte. Also deutete er mit dem mächtigen Schwert der Wahrheit direkt auf das Herz des Drachens, rief triumphierend »Zum Ruhme Gottes!« und stieß es dem Drachen mit aller Kraft tief in die Brust. Luzifer heulte vor Entsetzen und Schmerz und fiel vom Himmel bis hinab in die Tiefen der Erde, wo er als Satan bis ans Ende der Zeit bleiben muss.

Darum leget die Lüge ab und redet – die Wahrheit, ein jeglicher mit seinem Nächsten, weil wir untereinander Glieder sind.

EPHESER 4:25

GABRIEL

Gabriel – sein Name bedeutet »Die Kraft Gottes« – ist der Erzengel, der links von Gott steht und in der himmlischen Hierarchie gleich nach Michael kommt. Juden, Christen und Moslems halten ihn hoch in Ehren. Gabriel spielt im Neuen Testament und im Koran eine wichtige Rolle; er und Michael sind die einzigen Engel, die das Alte Testament namentlich erwähnt.

Gabriel, der im Islam Jibril heißt, diktierte Mohammed den Koran (dieses arabische Wort bedeutet »Vortrag«) und war sein Schutzengel. Im Evangelium des Lukas verkündet er dem Zacharias die Geburt Johannes des Täufers und der Jungfrau Maria die Geburt Jesu – das war seine berühmteste Aufgabe. Nach der Legende hilft uns Gabriel, Träume und Visionen zu deuten, vielleicht weil er in so vielen erschienen ist.

Die Botschaft des Engels

Seine wichtigen Missionen bei historischen und religiösen Ereignissen trugen Gabriel die Titel »Herold« und »Bote Gottes« ein. Darum wird er oft mit einer Trompete dargestellt, dem Symbol für das Wort Gottes. Seine berühmtesten Botschaften änderten den Lauf der Geschichte – weil sie vom Himmel kamen, aber auch, weil die Menschen ihm wirklich zuhörten.

Der Zuhörer ist ebenso wichtig wie der Sprecher. Wir müssen uns aufrichtig bemühen, andere zu verstehen, einerlei, ob sie Freunde oder Feinde sind. So werden wir tolerant und mitfühlend. Seien Sie ehrlich zu sich selbst, und sagen Sie Ihre Meinung, wenn Sie müssen – aber mit offenem Ohr. Hören Sie zu, und lernen Sie. Ohne Verständnis gibt es keinen Frieden.

Mohammeds Mission

Der Prophet Mohammed, gesegnet sei sein Name, war seines weltlichen Lebens als Händler in Mekka müde. Die Waren, die er kaufte und mit Gewinn verkaufte, dienten nur seinen körperlichen Bedürfnissen, doch er sehnte sich nach spirituellem Reichtum. Auf der Suche danach verließ er manchmal Frau und Kinder und wanderte durch die einsamen Berge von Hira. Dort lebte er in einer Höhle, meditierte über die Existenz und betete für seine Seele.

Eines Tages, nach langem Beten und Fasten, weckte der Engel Gabriel ihn aus der meditativen Trance. Gabriel sah wie ein gewöhnlicher, wenn auch großer Mann aus. Bevor der Prophet ihn fragen konnte, wer er war und wie er ihn gefunden hatte, legte der Engel ihm einen seiner langen Arme um die Schultern. In der anderen Hand hielt Gabriel eine Schriftrolle mit schwungvollen Buchstaben. Er drückte den erschrockenen Mohammed so fest, dass dieser kaum atmen konnte.

»Lies!«, befahl der Engel und verstärkte den Druck mit seinem Arm.

»Ich würde gerne gehorchen«, keuchte der Prophet«, »aber ich weiß nicht, wie.«

Lobt den Herrn, ihr seine Engel,
ihr starken Helden,
die seine Befehle vollstrecken,
seinen Worten gehorsam!

PSALM 103:20

Gabriel wiederholte den Befehl und griff noch härter zu. Mohammed konnte nur noch stöhnen. Nachdem Gabriel den Befehl zum dritten Mal ausgesprochen hatte, ließ er den fast ohnmächtigen Mohammed los.

»Wohlan, sprich mir nach«, sagte Gabriel in freundlichem Ton und begann das Wort Gottes zu rezitieren. Mohammed war erschüttert, doch er gehorchte. Die ganze Nacht lang wiederholte er die Worte des Engels, bis er sie auswendig konnte. Die Morgensonne schien in die Höhle, als Gabriel ging.

Mohammed kehrte noch am selben Tag zu seiner Frau zurück und erzählte ihr von seiner sonderbaren Begegnung. Seine Frau, die älter und klüger war als er, versicherte ihm, er sei nicht verrückt, sondern habe einen Engel des Herrn gesehen. Als Gabriel in dieser Nacht zum zweiten Mal zu ihm kam – in einem Traum –, wusste Mohammed, dass seine Frau Recht hatte.

Erneut nahm der Besuch ihm den Atem, doch diesmal aus einem anderen Grund. Der Himmelsbote strahlte in hellem weißem Licht. Sein Haar glich einer Krone aus dicken, seidenen Locken, die seine herrlichen Gesichtszüge umrahmten. Er schwebte über Mohammeds Bett an der Decke, getragen von sechshundert Flügeln, reichte dem Propheten die Hand und flog mit ihm auf einem geflügelten Maultier mit dem Gesicht einer Frau durch alle sieben Himmel. In jeder himmlischen Sphäre begegneten sie einer anderen glorreichen Versammlung von Engeln und Propheten. Die Nacht war von Wundern und Ekstase erfüllt, doch sie endete in einem Augenblick.

Von da an besuchte Gabriel den Propheten noch oft und ermahnte ihn, Gottes Wort zu lernen und zu verbreiten. Als Mohammed auf dem Sterbebett lag, kam sein Schutzengel noch einmal und begleitete ihn ins Paradies – diesmal für immer.

RAPHAEL

Der Erzengel Raphael hat zahlreiche Titel, darunter »Herr der Schutzengel«, »Herrscher der Sonne« und »Engel der Wissenschaft«. Der Name bedeutet »Gott heilt«, und darum gilt Raphael als Patron der Kranken und Schwachen. Als der jüdische Patriarch Abraham sich im hohen Alter selbst beschnitt, heilte Raphael seine Wunde. Eine seiner wichtigsten Aufgaben erwähnt der Sohar: *die Heilung der Erde und der Menschheit. Manchmal wird er mit der Schlange dargestellt, die auch ein Symbol der Heilung ist.*

Das apokryphe Buch Tobit *berichtet von einem jungen Mann, der unter Raphaels Schutz auf Reisen geht. Darum ist Raphael auch der Schutzpatron der Reisenden, vor allem der Pilger, und wird häufig im Pilgergewand und mit Stab abgebildet.*

Die Botschaft des Engels

Krankheiten und Verletzungen sind ein natürlicher Teil des Wachsens und Alterns. In extremen Fällen kann der Heilprozess aber fast unerträglich sein, und ohne starken Überlebenswillen halten wir vielleicht nicht durch. Wenn der Arzt eine kranke Seele nicht heilen kann, ist ein Wunder vonnöten – aber Wunder ereignen sich nicht zufällig. Kranke, die gesund werden, obwohl die Ärzte sie aufgegeben haben, sind oft von liebenden Angehörigen und Freunden umgeben. Um körperlich und seelisch ganz heil zu werden, müssen sie lieben und geliebt werden.

Raphaels Gabe der Heilung entspringt göttlicher Liebe. Jede Liebe ist göttlich, auch die Selbstliebe und die Liebe zum Leben. Die Hoffnung, alle körperlichen Leiden durch Liebe zu überwinden, ist unrealistisch; aber selbst ein bisschen Liebe kann eine wunde Seele heilen.

Raphael und Tobias

Das Schicksal war grausam zum alten Tobit. Obwohl er fromm und gut war, wurde er blind, als er unter einem Schwalbennest einschlief. Da er sich vor Hilflosigkeit und Gebrechlichkeit fürchtete, rief er seinen Sohn Tobias zu sich und bat ihn, einen Beutel voll Silber zu holen, den er seinem Vetter in Medien anvertraut hatte. Und er riet seinem Sohn, einen vertrauenswürdigen Reisegefährten auf die lange Reise mitzunehmen. Wie durch ein Wunder fand Tobias schon nach wenigen Stunden einen idealen Begleiter: Asaria, einen jungen Mann, der die schwierige Straße nach Medien gut kannte. Hätten Tobias' Eltern gewusst, dass Asaria der Engel Raphael war, hätten sie sich weniger Sorgen um ihren Sohn gemacht. Also brach Tobias auf – mit seinem treuen Hund und keinem Geringeren als einem Engel des Herrn.

Am Abend des ersten Tages erreichten die unterschiedlichen Drei den Tigris, wo sie ihr Nachtlager aufschlugen. Da Tobias für eine lange Reise nicht so gut ausgerüstet war wie ein Hund und ein Engel, badete er die Füße im Wasser. Doch kaum war er im Fluss, schnappte ein wütender Fisch nach seinen Zehen.

»Pack den Fisch«, wies Raphael ihn an, »nimm ihn aus und bewahre Galle, Herz und Leber auf. Sie sind eine vorzügliche Arznei.« Tobias befolgte den Rat und kam obendrein zu einem guten Abendessen.

Einige Tage später kamen die Reisenden bei Raguel an, dem Vater der tapferen und schönen Sara. Sofort erklärte Raphael, Sara sei die beste Frau für Tobias. Offenbar wusste der Engel nicht, dass Sara schon siebenmal Witwe geworden war und dass jeder ihrer Gatten in der Hochzeitsnacht von einem eifersüchtigen Dämon getötet worden war. Tobias aber kannte den Fluch und wollte natürlich nicht am gleichen Tag heiraten und begraben werden. Doch Raphael war hartnäckig: »Verbrenne

ten. Aber sie beruhigten sich schnell, als sie ihre liebliche Schwiegertochter und deren Mitgift aus Vieh, feinen Gewändern und Haushaltsgegenständen sahen.

Könnte eine Geschichte glücklicher enden? Ja, aber nur mit einem weiteren göttlichen Eingriff. Unter Raphaels Aufsicht legte Tobias die Fischgalle auf die Augen seines Vaters, und dessen Sehvermögen wurde wiederhergestellt. Alle priesen Gottes Gnade, und Raphael enthüllte seine wahre Identität. Dann stieg er stumm in den Himmel hinauf.

das Herz und die Leber des Fisches in deiner Hochzeitsnacht. Der Geruch wird den Dämon vertreiben.«

Wie immer hatte er Recht. Sara und Tobias heirateten, und Tobias überlebte die erste gemeinsame Nacht. Alles ging so gut, dass Tobias seine Frau vierzehn Tage lang nicht verließ und Raphael bat, das Silber zu holen.

Nach zwei Wochen kehrten Tobias und sein Gefolge zu seinen aufgeregten Eltern zurück, die ihn schon für tot gehalten hat-

Aber dich will ich wieder gesund machen und deine Wunden heilen, spricht der Herr, weil man dich nennt die »Verstoßene«.

JEREMIA 30:17

URIEL

Eine der populärsten Darstellungen des vierten Erzengels zeigt Uriel – sein Name bedeutet »Feuer Gottes« – mit einer Flamme in der Hand. In seinem Buch Das verlorene Paradies *nennt Milton ihn »Herrscher der Sonne«, und in einigen Legenden bewacht er mit einem scharfen Schwert den Garten Eden oder den Tartaros (Hades). Dank seiner Verbindung mit der Sonne wurde er auch zum Engel des Sommers, Licht Gottes und Engel des Südens. Einige poetischere Titel lauten Engel der Musik, Engel der Dichtkunst und Engel der Prophetie. Er inspiriert Schriftsteller und Lehrer.*

Uriel warnte Noah vor der kommenden Flut, und in den Apokryphen herrscht er über Gewitter. Diese vielen Aufgaben haben dazu geführt, dass Engelfans des New Age ihn auch als Patron der Ökologie verehren.

Die Botschaft des Engels

Im Paradies leben fromme Seelen nach einem Leben voller Entbehrungen in ewiger Glückseligkeit. Die Engel hingegen müssen im Auftrag Gottes den Menschen dienen und viele Aufgaben erfüllen. Uriel hat schwerere Pflichten als die meisten anderen Erzengel, aber er erfüllt sie gerne. Manchmal macht er Fehler; doch im Gegensatz zu vielen Sterblichen ist er bereit, die Verantwortung für alle seine Taten zu übernehmen.

Wir alle machen Fehler. Viele lassen sich nicht wiedergutmachen, aber wenn wir sie zugeben, schaffen wir neues Vertrauen. Um friedlich und gut zu leben, müssen Sie auf alle Gedanken, Worte und Handlungen achten. Das befreit Sie von der Tyrannei des Zufalls. Verantwortung muss keine Last sein, denn Sie brauchen Ordnung und ein Ziel, um sich selbst auszudrücken. Ohne Verantwortung können Sie nicht frei sein.

Uriels neue Aufgabe

SEIT DEM AUFSTAND gegen Gott und seine treuen Engel strebt Satan nach Rache. Er machte Adam und Eva, Gottes jüngste Geschöpfe, die im Garten Eden lebten, zu Sündern. Allerdings wusste er zunächst nicht, wo Eden sich befand; er wusste nur, dass Uriel es ihm sagen konnte, denn der hatte immer Zugang zu Gott.

Also verkleidete Satan sich als Cherub und flog zur Sonne, wo Uriel wohnte. Doch er hatte die enorme Hitze des Himmelskörpers nie erlebt und schwitzte schrecklich. »An diese Hitze werde ich mich nie gewöhnen«, murmelte er. Dann erblickte er Uriel, der die Flammen noch anfachte. Während Uriel sein Werk bewunderte, näherte sich ihm Satan.

»Das ist schön«, sagte Satan zum Erzengel. Uriel wiegelte ab, denn es war ihm peinlich, stolz gewesen zu sein.

»Ich tue nur meine Arbeit«, sagte er bescheiden. Dennoch schmeichelte ihm das Lob, und das wusste Satan. Nachdem er so rasch das Wohlwollen des Engels erworben hatte, begann er ein Gespräch über Gottes größtes Werk: den ersten Mann und die erste Frau auf Erden. Satan drückte seinen Wunsch aus, die beiden aus der Nähe zu sehen.

»Aber«, räumte er ein, »ich weiß nicht, wo das Paradies ist.« Uriel begriff nicht, dass der falsche Cherub den Ort des Gartens Eden nicht kannte – er glaubte, sein Gast kenne nur die Richtung nicht. Also erklärte er ihm den Weg genau.

»Vielen Dank«, sagte Satan und entfernte sich, ehe seine echte Dankbarkeit seine Bösartigkeit schwächen konnte.

»Keine Ursache«, erwiderte Uriel. Er beobachtete, wie der Satan im Gewand eines Cherubs schnurstracks ins Paradies flog. Er war glücklich, weil er einem anderen Engel geholfen hatte, ein Wunder Gottes zu schauen, und er behielt ihn im Auge. Doch seine Freude verwandelte sich schnell in Abscheu, als Satan auf dem Berg Niphrates seine Maske ablegte.

»Was habe ich nur angerichtet?«, jammerte der Engel, den sein Gewissen plagte. Entsetzt sah er, wie Satan in den Garten Eden ging und Adam und Eva mit einer anderen raffinierten Verkleidung täuschte. Uriel fühlte sich für alles verantwortlich, was geschah, nachdem Adam und Eva vom Baum der Erkenntnis gegessen hatten. Er ging zu Gott und beichtete seine Verfehlung.

»Es tut mir so leid, Herr«, rief Uriel. »Wie kann ich es wiedergutmachen?« Gott machte ihm keine Vorwürfe wegen seiner Sünde; aber er merkte, dass der Erzengel unbedingt Sühne leisten wollte.

»Da Adam und Eva aus dem Paradies verstoßen wurden«, erklärte Gott, »ist dort der Posten des Wächters frei.« Uriel nahm den Auftrag sofort an und steht bis zum heutigen Tag am Tor des Gartens Eden, um alle Eindringlinge mit seinem scharfen Schwert zu verscheuchen.

Was der Mensch sät,
das wird er ernten.

GALATER 6:7

Kwan Yin

Dämon

Engel von Mons

Schutzengel

Der Glaube an Schutzengel oder Schutzgeister ist sehr alt und weit verbreitet. Nach dieser Vorstellung wacht ein Engel über jeden Menschen, jeden Ort und alle Dinge, und seien sie noch so klein. Sogar unreligiöse Menschen glauben bisweilen an persönliche Schutzengel. Engel, die ganze Länder oder Völker beschützen, heißen Ethnarchen, *und der Talmud berichtet, dass »jeder Grashalm seinen Engel hat, der sich über ihn beugt und ›Wachse, wachse‹ flüstert«.*

Persönliche Schutzengel sind oft Geister von verstorbenen Angehörigen, deren hilfreiches, positives und inspirierendes Wirken nur ihre Schützlinge wahrnehmen. Sie helfen durch Intuition, Träume oder bedeutsame Zeichen und Ereignisse. Der griechische *daimon* und seine römischen Entsprechungen, der *genius* für Männer und die *juno* für Frauen, haben ähnliche Aufgaben für ihre Schützlinge. Im Zoroastrismus ist der *frawaschi* der ewige, transzendente Teil des Menschen, der unabhängig von der Seele des Verstorbenen ist. Er ist der unsichtbare Begleiter, der seinem Schutzbefohlenen hilft, ihn führt und beschützt.

Dämon

Ein Engel kann als Tier oder Mensch erscheinen. Die meisten Werke verbringen Schutzengel jedoch im Verborgenen, und darum sind viele von ihnen überaus wandlungsfähig. Manche Engel, etwa die *Engel von Mons,* erscheinen jedoch in ihrer ganzen übernatürlichen Pracht mit Heiligenschein und Flügeln.

Einige Merkmale sind den Schutzengeln fast jeder Überlieferung gemeinsam. Ihre Hauptaufgabe besteht natürlich darin, Menschen vor Gefahren zu schützen. Die *hafasa* der moslemischen Legende verteidigen Gläubige gegen Dämonen. Kann ein Engel seinen Schützling nicht vor dem Tod bewahren, bringt er seine Seele in die andere Welt. Viele Kulturen glauben an Schutzgeister, die zwischen Erde und Himmel vermitteln und für die Menschen eintreten. Nach manchen Überlieferungen sind sie spirituelle Lehrer und Führer, gelegentlich auch das Gewissen der Menschen.

Auch die christlichen Schutzengel, die in der Engelhierarchie den untersten Rang einnehmen, werden einem einzelnen Menschen als Beistand zur Seite gestellt. Sie sind am weitesten von Gott entfernt, aber der Erde nahe, sodass sie am besten über die Menschheit wachen können.

Die katholische Kirche lehrt, dass jeder Mensch, unabhängig von Rasse oder Religion, einen Schutzengel hat, der von der Geburt bis zum Tod bei ihm bleibt und ihn nicht einmal dann verlässt, wenn er eine Todsünde begeht. Der Philosoph und Angelologe Thomas von Aquin glaubte allerdings, dass beleidigte Engel sich vorübergehend zurückziehen.

Schutzengel und Schutzgeister verkörpern seit altersher unsere Sehnsucht nach beständiger Sicherheit, treuer Freundschaft und bedingungsloser Liebe. Das alles fällt uns Sterblichen schwer, und darum haben wir Engel.

Engel von Mons

KWAN YIN

Ein Bodhisattwa ist ein engelhafter Mensch, der auf das Nirwana (die endgültige Erlösung) verzichtet und zur Erde zurückkehrt, um anderen zu helfen. Das Wort bodhisattwa *bedeutet »erleuchtetes, tapferes Wesen«, und Buddhisten glauben, dass ein Mensch diese hohe Ebene erreichen kann, wenn er ein großer Heiler, Lehrer oder Weiser ist.*

Im Mahayana-Buddhismus hat ein Bodhisattwa oder künftiger Buddha alles gelernt, was wir auf Erden lernen können, um dem Kreislauf der Wiedergeburten zu entrinnen und erlöst zu werden. Selbstlose Liebe und Mitgefühl bewegen ihn dazu, sich zu reinkarnieren, um Weisheit und gutes Karma mit spirituell weniger entwickelten Menschen zu teilen. Außerdem begleitet er Seelen beim Übergang vom Leben zum Tod.

Die Botschaft des Engels Kwan Yin (auch Quan Yin geschrieben) ist einer der populärsten Bodhisattwas. Ihr voller Name, Kwan Schih Yin, bedeutet »sie hört die Gebete der Welt«. Die Chinesen verehren sie als Göttin der Gnade und des Mitgefühls. Es gibt viele Legenden über sie, und alle zeugen von göttlicher Selbstlosigkeit.

Nur wenige Menschen sind imstande, anderen ein Leben lang zu dienen. Aber wir müssen Mitgefühl nicht unbedingt aktiv zeigen. Da es untrennbar mit Vergebung und Gnade verwoben ist, sind wir auch dann mitfühlend, wenn wir anderen nicht schaden. Wenn Sie körperlich oder seelisch verletzt werden, brauchen Sie Charakterstärke, um auf Streit und Vergeltung zu verzichten. Selbst wenn Sie kein echtes Mitgefühl *empfinden,* sollten Sie eine bewusste Entscheidung treffen und niemandem wehtun.

Die Legende von Kwan Yin

Miao-shan war die jüngste Tochter eines mächtigen Kaisers. Duftende Blumen fielen vom Himmel, als sie geboren wurde, und alle Anwesenden seufzten vor Freude. Ihre Mutter spürte bei der Geburt keine Schmerzen, und Miao-shan war so sauber, dass man sie nicht baden musste.

Die gesegnete Prinzessin wuchs zu einem sanften und bescheidenen Mädchen heran. Sie verlangte nicht viel von ihren Kindermädchen, denn sie wollte niemanden plagen. Miao-shan behandelte den höchsten Adligen und den geringsten Diener mit gleicher Achtung. Ihre vielen Zofen, inspiriert von dieser Güte, entsagten der Welt und führten ein einfaches, keusches Leben.

Der Kaiser hingegen war unzufrieden und suchte einen Gemahl für seine Tochter. Miao-shan weigerte sich jedoch zu heiraten, es sei denn, der Vater könne ihr versprechen, die erzwungene Heirat werde sie vor Alter, Krankheit und Tod bewahren. Das konnte der Kaiser natürlich nicht zusagen, und darum befahl er der Prinzessin, als Gärtnerin zu arbeiten und nur Reis zu essen und Wasser zu trinken. Zu seinem Verdruss nahm Miao-shan diese Strafe gleichmütig auf sich, da sie sich ohnehin nach einem asketischen und spirituellen Leben sehnte.

Monate vergingen, und Miao-shan arbeitete immer noch im Garten, ohne zu klagen. Als der Kaiser merkte, dass seine Tochter nicht in den Palast zurückkehren

würde, verbannte er sie in ein Kloster, ohne zu ahnen, dass er ihr keine größere Freude hätte bereiten können. Er befahl den Nonnen, ihr die härtesten Arbeiten aufzutragen. Sie hackte Holz, holte Wasser und jätete fröhlich den Garten. Das Kloster gedieh wie niemals zuvor. Der Brunnen quoll von frischem Wasser über, und die Ernte war üppig.

Nach einigen Jahren wurde der Kaiser schwer krank. Kein Weiser und kein Arzt konnte ihn heilen. Als er auf dem Sterbebett lag, besuchte ihn ein alter Mönch und erzählte ihm von einem Bodhisattwa auf dem Duftenden Berg, der seine Augen und Arme opfern und daraus einen heilenden Trank für den Kaiser bereiten würde. Sofort wurde ein Bote ausgesandt, um die kostbaren Gaben zu holen.

Als der Bote dem Bodhisattwa (der niemand anders war als Miao-shan) vom Todeskampf des Kaisers berichtete, gab sie ihm ihre Augen und Arme, um dem Vater zu helfen. Kaum hatte der Kaiser die grausige Arznei geschluckt, war er völlig gesund. Dem Mönch konnte er nicht mehr danken, weil er plötzlich verschwunden war.

Nun wollte der Kaiser sich bei dem großzügigen Bodhisattwa bedanken, doch als er am Duftenden Berg ankam und dort seine eigene Tochter traf, weinte er bitterlich. Er umarmte den verstümmelten Leib seines Kindes, und auf einmal fielen Lotosblüten vom Himmel. Einen Augenblick später war Kwan Yins Körper wieder heil, und ihre Seele stieg in den Himmel auf. So verdiente sich Miao-shan den Namen Kwan Yin.

Ein jeglicher beweise an seinem Bruder Güte und Barmherzigkeit.

SACHARJA 7:9

DIE ENGEL VON MONS

Eine der erstaunlichsten Legenden, die im Ersten Weltkrieg entstanden, ist die Geschichte der Engel von Mons. Im August 1914, zu Beginn des Krieges, sahen sowohl die deutschen als auch die alliierten Soldaten in der Nähe der belgischen Stadt Mons himmlische Gestalten. Die britischen und französischen Truppen waren zahlenmäßig weit unterlegen und wurden von den ungestüm angreifenden Deutschen zurückgedrängt – gleichzeitig erschienen auf beiden Seiten immer wieder der Erzengel Michael, Engelheere und Schutzengel.

Einen Monat später verbreiteten sich die Gerüchte über diese Visionen noch schneller, etwa zur gleichen Zeit, als in einer englischen Zeitung eine Geschichte von Arthur Machen mit dem Titel »The Bowmen« (»Die Bogenschützen«) erschien. Sie erzählte von geisterhaften Bogenschützen, die britischen Soldaten im Mittelalter zur Hilfe geeilt waren. Obwohl Machen erklärte, diese Geschichte habe die Visionen in Belgien ausgelöst, hielten sich die Berichte über die Engel von Mons hartnäckig und flossen in die Legenden um den Krieg ein.

Die Botschaft der Engel Man rätselt heute noch darüber, ob wirklich jemand bei Mons Engel sah oder ob es sich nur um Gerüchte handelt. Wie dem auch sei, es ist erstaunlich, dass so viele Menschen an die Geschichte glaubten. Damals brauchten die Alliierten moralische Unterstützung, und genau die erhielten sie von den Erscheinungen. Die Soldaten wollten glauben, dass sie auf der Seite der Engel kämpften.

Wer an Wunder glaubt, hält Entbehrungen besser durch, denn der Glaube kann uns stark machen, weil Gedanken und innere Bilder sich in Stimmungen, Taten oder Ereignisse verwandeln. Das Gebet ist mehr als eine Bitte um göttlichen Beistand; es ist ein bewusster Versuch, die Umstände durch positives Denken zu ändern.

Zynismus fesselt den Geist. Der Glaube an Wunder öffnet die Tür zu einer Welt vielfältiger Möglichkeiten.

Sehen heißt glauben

Unteroffizier Francis Bridgman lehnte am Wall vor dem Schützengraben. Sein Bataillon hatte den Vormarsch der Deutschen aufgehalten, aber er war verwundet worden. Eine Kugel hatte ihn an der linken Seite gestreift, aber zum Glück kein wichtiges Organ getroffen.

Es war am 28. August 1914, und die Schlacht bei Mons dauerte bereits fünf Tage. Es sah nicht gut für die Alliierten aus. Die deutschen Truppen waren dreimal so stark, und da sie stetig vordrangen, mussten die Alliierten sich zurückziehen. Das untergrub die Moral der Soldaten.

Bridgman zog den improvisierten Verband zurecht, der die Blutung stillen sollte. Er würde für einige Zeit ausfallen, und wenn er zurückkam, konnte der Krieg schon vorbei sein – man erwartete nicht, dass er lange dauerte. Während ihm diese Gedanken durch den Kopf gingen, hörte er Edward Langley, den Hauptmann der Einheit, nach ihm rufen. Langley taumelte durch den Schützengraben auf den verwundeten Unteroffizier zu; aber er kam nur langsam voran, weil er die deutschen Linien im Auge behielt. Dennoch war sein Gesichtsausdruck nicht bestürzt, sondern aufgewühlt.

Alle Dinge sind möglich dem, der da glaubt.

MARKUS 9:23

»Haben Sie oder Ihre Männer etwas Ungewöhnliches gesehen?«, fragte der Hauptmann aufgeregt.

»Ich weiß nicht, was Sie meinen«, erwiderte Bridgman.

»Das dachte ich mir«, meinte Langley. Dann bemerkte er Bridgmans Verwundung. Er musterte erneut die deutsche Front. »Dort – über der deutschen Linie.«

Der verdutzte Unteroffizier folgte dem Blick des Hauptmanns, sah aber nur die Umrisse von Bäumen vor dem blassen Abendhimmel. Zwischen ihnen und dem Feind befand sich ein breites Dickicht.

»Kommen Sie mit«, sagte Langley und befahl einem anderen Soldaten, dem Unteroffizier zu helfen.

Die drei Soldaten krochen aus dem Graben, und der Hauptmann führte seine Begleiter zu einer Lichtung, wo die Sicht auf die deutsche Front nicht versperrt war.

»Schauen Sie nach Nordosten. Sehen Sie es?« Tiefe Stille folgte, und Langley wusste, dass die beiden Männer so überwältigt waren, dass sie nicht sprechen konnten. Der junge Gefreite, der Bridgman geholfen hatte, bekreuzigte sich.

Hoch über der deutschen Linie schwebte eine riesige silberweiße Lichtkugel, und in der Aureole waren deutlich drei strahlende Gestalten zu sehen. Sie trugen lange goldene Gewänder. Während die Soldaten die Erscheinung anstarrten, entfernten sich die drei Wesen, und nun sah man, dass die Gestalt in der Mitte ein Paar ausgebreitete weiße Flügel trug. Obwohl das geisterhafte Trio über den Deutschen schwebte, schien es die Alliierten zu beobachten.

»Gott ist auf unserer Seite«, dachte Bridgman. Die Soldaten betrachteten die leuchtende Erscheinung länger als eine halbe Stunde, bis sie sich in eine dünne Wolke verwandelte. Schließlich durchbrach der Hauptmann die Stille. »Tja, Leute, das ist etwas für die Geschichtsbücher. Aber wer wird es jemals glauben?«

»Es ist egal«, flüsterte Bridgman mehr zu sich selbst als zum Hauptmann. »Wichtig ist nur, was wir glauben!«

DÄMONEN

Die alten Griechen glaubten, jeder Mensch habe einen Schutzgeist oder daimon *(das Wort bedeutet »göttliche Kraft«, aber mit der Zeit nahm der Begriff die Bedeutung »böser Geist« an). Dämonen sind Vermittler zwischen Göttern und Menschen und dienen Individuen als spirituelle Führer und Beschützer.*

Dämonen lösten auch plötzliche Geistesblitze aus. Empfindsame, erleuchtete Menschen hörten die leise Stimme ihres Dämons, wenn sie wichtige Entscheidungen treffen mussten. Aber Dämonen bestraften auch ihre Schützlinge, wenn sie ihnen nicht gehorchten. Da Dämonen oft den Ausgang einer Situation bestimmten, stetzte man sie zudem mit dem Schicksal oder dem Willen Gottes gleich. Sokrates erklärte, er habe einen Dämon mit beträchtlichem Einfluss.

Die Botschaft des Engels Sokrates hörte angeblich Stimmen im Kopf. Er schrieb sie seinem Dämon zu, der ihm als Schutzgeist diente. Wenn er auf dem richtigen Weg war, blieb der Dämon stumm, doch wenn Sokrates einen Fehler zu machen drohte, redete der Geist mit ihm.

Wir können den Dämon der klassischen griechischen Philosophie auch *Intuition* nennen. Dieses Wort ist vom lateinischen *tueor* (»anschauen, beobachten, schützen«) abgeleitet. Intuition ist unsere angeborene Fähigkeit, selbst die schwierigsten Probleme zu lösen. Sie ist inneres Wissen.

Wenn Sie Ihrer Intuition vertrauen, nutzen Sie Ihr göttliches, universelles Selbst, den unsichtbaren, ungreifbaren Aspekt jedes Menschen, der ein Teil von allem ist. Wenn Sie vor einem scheinbar unüberwindlichen Problem stehen, seien Sie still und lauschen Sie Ihrer leisen inneren Stimme. Sie kennen bereits die Antwort.

Der Tod und der Dämon

SOKRATES ÜBERLEGTE, OB ER vor seiner Hinrichtung noch einmal schlemmen sollte. Das Wasser lief ihm im Mund zusammen, als er an Brot, Feigen und Wein dachte. Er hatte ein Recht darauf und brauchte nur zu fragen.

Crito, sein lieber Freund, drängte ihn, es zu tun. Obwohl Crito nicht der klügste Schüler des Sokrates war, klangen seine Argumente überzeugend. Der Sonnenuntergang – die Stunde der Hinrichtung – war noch fern – warum also sollte er sich nicht eine der letzten Freuden gönnen, die ihm geblieben waren? Sokrates wollte den Rat des Freundes gerade befolgen, als er eine innere Stimme hörte.

»Was erwartest du von dieser Schlemmerei? Sie bereitet dich nicht auf die Reise in die Unterwelt vor und verschafft dir auch keinen Aufschub. Außerdem könnte dein Tod ein wenig unrein werden, wenn du weißt, was ich meine.«

Der Philosoph seufzte. Seine innere Stimme hatte wie immer Recht. Also sagte er resigniert: »Lieber nicht, mein Freund.«

Crito widersprach seinem Lehrer nicht. Es war am besten, sich mit einem wichtigeren Problem zu befassen: mit Sokrates' Tod. »Wie soll deine Beerdigung sein?«, fragte er behutsam.

Sokrates, der nur selten wütend wurde, hätte seinen törichten Schüler beinahe angeschrieen. Doch seine allgegenwärtige innere Stimme war schneller: »Beleidige in deinen letzten Stunden nicht jene, die dich lieben!«

»Ihr werdet nicht *mich* begraben«, erklärte er, »sondern nur meinen Leib, eine leere Hülle. Mein wahres Selbst wird die edelsten Seelen treffen, die je gelebt haben. Also begrabt meinen Körper, wie es euch gefällt.«

In diesem Augenblick betrat ein Wärter die Todeszelle. In der Hand hielt er einen Becher mit tödlichem Gift.

»Sag mir, guter Mann, was habe ich zu tun?«, fragte Sokrates den Wärter.

»Zuerst trinkst du den Schierling, dann gehst du solange in der Zelle umher, bis du nicht mehr kannst. Dann legst du dich hin. Zuerst werden deine Füße taub, dann steigt die Taubheit nach oben, und wenn sie dein Herz erreicht, stirbst du.« Der Wärter unterdrückte seine Tränen, als er dem Weisen den Schierlingsbecher reichte.

Sokrates betrachtete den Becher und drehte ihn hin und her. Sollte er einen Teil davon den Göttern opfern? Er neigte den Becher, um ein wenig Flüssigkeit auf den Boden zu gießen.

»Das würde ich nicht tun«, meldete sich seine innere Stimme, und auch der Wärter hielt ihn zurück: »Das Gift wurde sorgfältig abgemessen. Du musst alles trinken, damit es richtig wirkt.«

Sokrates trank das Gift in einem Zug. Als ihm die Beine schwer wurden, legte er sich hin. Obwohl er nicht mehr sprechen wollte, ermahnte ihn seine innere Stimme zum letzten Mal: »Hast du nicht etwas vergessen?« Sokrates hätte gelacht, wenn er es noch gekonnt hätte.

»Crito, lieber Freund«, flüsterte er. »Asklepios, der Gott der Heilung, hat mich endlich von allem irdischen Leid und Unrecht befreit. Würdest du ihm bitte in meinem Namen einen Hahn opfern?«

Sollte der weinende Crito geantwortet haben, so hörte Sokrates es nicht mehr. Er hatte seine letzen Worte gesprochen.

Aber der Geist ist es
in den Menschen und der Odem
des Allmächtigen,
der sie verständig macht.

HIOB 32:8

Lilith

Azazel

Satan

Astarte

Gefallene Engel

Nach einem alten jüdischen Glauben sind Sternschnuppen Engel, die vom Himmel fallen. Das ist eine poetische Beschreibung der Dämonen oder Teufel, die man auch gefallene Engel nennt. Leider ist es auch das einzige Merkmal dieser finsteren Wesen. Es gibt viele Theorien, die erklären wollen, warum manche Engel sich gegen Gott auflehnen. Am häufigsten wird behauptet, einige rebellische Engel mit Satan an der Spitze hätten sich geweigert, Gottes neusten Geschöpfen – den Menschen – zu huldigen.

Engel müssen aber nicht stolz oder ehrgeizig sein, um aus dem Himmel verbannt zu werden. Manche wurden aus dem Himmel in die Hölle geworfen, weil sie nachlässig waren oder sich irrten. Gefallene Engel, die einst so strahlend schön waren wie ihre himmlische Wohnung, wurden zu heimtückischen, missgebildeten Geistern, die in einer wilden, ekligen Welt ohne Licht leben. Ihre gefiederten weißen Schwingen verwandeln sich in Fledermausflügel, Symbole niedriger Kreaturen der Nacht.

Zahlreiche Theologen und Okkultisten haben über die komplizierte Hierarchie der Hölle geschrieben. Orthodoxe Denker weisen einem gefallenen Engel in der Hölle den Rang zu, den er im Himmel besaß. Die größten Engel, die Gott nahe waren, fallen daher am weitesten.

Satan, einst das Oberhaupt der Seraphim und Gottes Vizekönig, wurde folglich an den tiefsten Punkt der Hölle verbannt, weil er die Sünde des Stolzes begangen hatte.

Lilith

Verglichen mit dem relativ einfach strukturierten Himmel hat die Hölle eine weitaus komplexere Hierarchie. Es gibt sieben Fürsten, Erzdämonen genannt, die den sieben Erzengeln entsprechen. Ein Theologe und Kardinalbischof berechnete im 13. Jahrhundert in Tuskulum, dass die Hölle 133 306 668 dämonische Bewohner habe. Nach einer vorsichtigeren Schätzung des Talmuds sind es nur 7 405 926. Schon ein kleiner Teil der Höllenbewohner kann ein völliges Chaos auslösen, weil Dämonen unaufhörlich in Machtkämpfe verstrickt sind, um aufzusteigen (oder abzusteigen, je nach Blickwinkel).

Nicht jeder entehrte Engel fiel jedoch ganz in die Tiefe der Hölle hinab. Nach einer mittelalterlichen christlichen Überlieferung waren die Sünden mancher Engel nicht so groß und gewichtig, dass sie die Hölle verdient hätten. Darum fielen sie nur auf die Erde, wo sie zu Elfen, Feen und vielen ähnlichen Wesen wurden. Feen bereuen ihre Sünden und sehnen sich nach ihrem einstigen Glanz zurück. Die Höllenbewohner haben diesen Wunsch nicht. Die Christen des Mittelalters hielten auch heidnische Götter für gefallene Engel. Der lüsterne griechische Naturgott Pan mit seinen Hörnern und Hufen wurde zum Vorbild für den Satan.

Astarte

Dämonen werden überall gefürchtet, weil sie alles Heilige, Gute und Unschuldige verderben wollen. Sie verleiten Menschen zur Sünde, seitdem Satan Eva mit einem Apfel vom Baum der Erkenntnis verführte. Aber sie dienen auch einem höheren Zweck, denn sie verschaffen den Menschen die Gelegenheit, ihren freien Willen auszuüben.

SATAN

»Fürst der Dunkelheit« und »Herr der Unterwelt« sind nur zwei der vielen Titel, die man Satan zuschreibt, dem ersten und bedeutendsten gefallenen Engel. Sein Name ist vom hebräischen Wort ha-satan *abgeleitet, das »Feind« bedeutet. Im Alten Testament steht der Begriff für einen Auftrag, den Engel im Namen Gottes erfüllen. Erst die frühen christlichen Autoren des Neuen Testaments benutzten »Satan« als Name für den Teufel. Er wird oft mit Hörnern und Hufen dargestellt und auch Asmodeus, Beelzebub, Belial, Mephistopheles und Luzifer genannt.*

Satan gehörte einst zu den vollkommenen Engeln, die Gott am meisten liebte, und er war das Oberhaupt der Seraphim. Wegen der Sünde des Stolzes wurde er in die Hölle verbannt – er wollte nicht mehr Gottes Untertan sein. Da er von den Menschen verehrt werden wollte und ein geschickter Gaukler war, verkleidete er sich als Schlange und lockte Adam und Eva von Gott weg.

Die Botschaft des Engels Satan fiel vom Himmel, weil er nach Macht dürstete. Das Verlangen nach Besitz, Geld, Schönheit, Ruhm oder Wissen ist ein Verlangen nach Macht. Menschen, die großes Wissen besitzen, werden als Manipulatoren der Macht oft übersehen, weil Wissen als edel gilt. Doch in der Hand weniger kann Wissen eine tödliche Waffe sein. Krieg, Terrorismus und Spionage sind auf missbrauchtes Wissen zurückzuführen.

Die Sage von Faust illustriert, wie verderbt ein allwissender Sterblicher werden kann. Satan und Faust fielen in Ungnade, weil sie die Torheiten und das Schicksal anderer lenken wollten, anstatt sich um ihre eigenen Belange zu kümmern. Wissen ist Macht. Wir können damit andere tyrannisieren oder ihnen dienen. Unser bewusster Umgang mit dem Wissen beeinflusst daher unseren Umgang mit der Macht.

Faust und der böse Feind

Johannes Faust war ein brillanter Gelehrter. Er studierte Theologie, Medizin, Mathematik, Nekromantie und Astrologie und war in ganz Deutschland berühmt. Die meisten Menschen wären mit der Achtung und Bewunderung zufrieden gewesen, die er dank seiner Leistungen erwarb; doch Faust war unzufrieden. Sein enormes Wissen weckte in ihm den Wunsch nach Allwissenheit.

Getrieben vom verzweifelten, brennenden Wunsch, die Geheimnisse des Kosmos zu ergründen, überlegte Faust, wie er den Teufel beschwören könnte. In einer mondlosen Sommernacht stellte er sich an einem verlassenen Ort außerhalb seiner Heimatstadt Wittenberg in die Mitte eines Kreuzweges und zeichnete mit einem langen Holzstab einen Kreis um sich herum. Und um Mitternacht rief er den Teufel an, mit Worten, die nur ein Zauberer kannte.

Fast sofort spürte er, wie die stille Nachtluft kühler wurde. Die Bäume, die den Platz umgaben, bewegten sich, und das Rascheln der Blätter wurde von einem jähen Schnalzen begleitet, das immer lauter und schneller wurde, bis es so wild war, dass Fausts Körper vibrierte. Als er es nicht mehr aushielt, fiel er zu Boden und mit dem Gesicht in den Staub. Während er den Schmutz ausspuckte, hörte er ein abfälliges Lachen. Der Teufel war da.

»Wie schmeckt dir der Staub?«, fragte Satan ihn höhnisch. Faust fühlte sich so erniedrigt, dass er nicht antworten konnte.

»Du nennst mich Mephistopheles«, sagte der Dämon. Faust wollte antworten, doch der Teufel kam ihm zuvor: »Ich weiß, warum du mich gerufen hast. Schließen wir also einen Handel.«

Sie brauchten nicht länger als eine Minute dafür. Nach vierundzwanzig Jahren würde Faust seinen Leib und seine Seele Satan übergeben. Bis dahin durfte der Gelehrte jederzeit die Dienste des Teufels in

Anspruch nehmen und sollte jede gewünschte Information erhalten, sofern es die Wahrheit war. Um den Vertrag bindend zu machen, unterschrieb ihn Faust mit seinem Blut.

Nun, da ihm alles Wissen des Himmels und der Erde zur Verfügung stand, wurde Faust der berühmteste Astrologe des Landes. Seine Vorhersagen waren so genau, dass die reichsten und mächtigsten Leute ihn aufsuchten. Er lebte im Luxus und im Laster. Alles, was er haben wollte, bekam er: elegante Kleider, edlen Wein, köstliche Speisen und liebliche Frauen. Er reiste bis ans Ende der Schöpfung und verblüffte seine Kollegen mit seinem Wissen.

Doch trotz seines gewaltigen Wissens konnte er den Pakt mit dem Teufel nicht rückgängig machen. Als das Ende seines irdischen Lebens nahte, fiel er in tiefe Verzweiflung. Am letzten Tag um Mitternacht wartete der düstere Faust in seiner Studierstube auf sein Schicksal.

Am nächsten Morgen fanden seine entsetzten Freunde die Überreste seines Körpers. Sie bekreuzigten sich, als sie das Werk des Teufels sahen. Fausts Körper war zerfetzt und im ganzen Zimmer verstreut worden.

Lass dich nicht vom Bösen überwinden, sondern überwinde das Böse mit Gutem.

RÖMER 12:21

LILITH

Nach einer jüdischen Legende war Lilith Adams erste Frau. Sie bestand darauf, dass sie ihm gleich war, und das führte zu einem Streit im Hochzeitsbett – Lilith weigerte sich, unter Adam zu liegen. Schließlich verließ sie ihn und schloss sich dem gefallenen Engel Samael an. Als unsterbliche Feindin der unterwürfigen Eva verfolgte sie alle ihre Nachkommen. Sie stranguliert Kinder im Bett und lässt sich von schlafenden Männern begatten, um jeden Tag Hunderte kleiner Teufel zu gebären. Ihr dämonischer Nachwuchs wird auch Lilim genannt.

Manche Quellen setzen Lilith mit der Schlange gleich, die Eva verführte, und darum wird sie auch als nackte Frau mit Schlangenschwanz dargestellt. Auf einigen Bildern hat sie Klauen anstelle von Füßen – wie die Eule, der Vogel der Nacht.

Die Botschaft des Engels

Lilith symbolisiert die dunklen, niedrigen Aspekte des Menschen. Völlerei – selbst wenn sie nur die fundamentalen Bedürfnisse betrifft – kann das Leben ruinieren und zu Besessenheit führen, welche die körperliche und geistige Gesundheit zerstört. Menschen, die sich in Süchten verstricken – nach Essen, Drogen, Sex oder Glücksspiel, um nur einige zu nennen –, sind oft zu Heimlichtuerei gezwungen, weil sie ihre Rücksichtslosigkeit und ihr Zwangsverhalten verbergen müssen. Ihr Leben und das ihrer Angehörigen wird dadurch zur Hölle.

Ein Mensch muss nicht hilflos und einsam gegen dunkle Kräfte kämpfen. Eine Bitte um Hilfe ist kein Zeichen von Schwäche, sondern von Stärke. Die Liebe und Unterstützung der Familie und der Freunde sowie Geduld, Selbstbeherrschung und Willenskraft sind mächtige Waffen im Kampf gegen innere Dämonen.

Der Spiegel

Einst lebte ein Witwer, der eine wunderschöne Tochter namens Rebekka hatte. Sie hatte das üppige, rabenschwarze Haar der Mutter geerbt. Kurz nach dem Tod der Mutter begann Rebekka, viele Stunden vor ihrem kostbarsten Besitz zu verbringen, einem prächtigen, alten goldenen Spiegel, der ebenfalls ihrer Mutter gehört hatte. Ihr Vater war sehr betrübt über die Besessenheit seiner Tochter, denn vor dem Tod seiner Frau war sie gar nicht eitel gewesen. Die einst fleißige und pflichtbewusste Rebekka vernachlässigte jetzt ihre häuslichen Pflichten und bewunderte sich stattdessen im Spiegel. Ihr Vater hoffte, das befremdliche Verhalten seiner Tochter sei nur auf ihren Kummer zurückzuführen und werde bald vorbei sein. Doch

Selbst der Satan verstellt sich als Engel des Lichts.

2. KORINTHER 11:14

Rebekka saß immer öfter vor dem Spiegel, denn der war verhext, was der Vater nicht wusste.

Alle Spiegel sind Tore in die andere Welt, in der Lilith, die Dämonin, in einer dunklen, klammen, von Fledermäusen wimmelnden Höhle lebt. Aber Rebekkas Spiegel war doppelt verflucht, weil er einst im Unterschlupf eines Dämonen gehangen hatte. Wenn Rebekka in den Spiegel schaute, ahnte sie nicht, dass die dämonische Verführerin sie auf der anderen Seite beobachtete und auf eine günstige Gelegenheit wartete.

Lilith beneidete Rebekka wegen ihrer Schönheit und wollte das Mädchen besitzen. Also wartete sie auf den richtigen Augenblick. Rebekka bürstete gerne ihr volles Haar vor dem Spiegel und schaute zu, wie es über ihre glatten, goldbraunen Schultern fiel. Eines Tages, als sie vor ihrem Spiegelbild stand, schien ihr Haar lebendig zu werden und einen überirdischen Glanz anzunehmen. Fasziniert beugte sie sich vor und berührte sanft das Glas. In diesem Moment nahm Lilith von ihr Besitz.

Plötzlich war Rebekka voller Verlangen, und zum ersten Mal seit Wochen verließ sie den Spiegel. Ihr Vater seufzte erleichtert, denn er wusste ja nicht, dass seine Tochter nach Männern suchte. Von Liliths unersättlicher Gier getrieben, flirtete Rebekka mit Männern, wann immer sie konnte, so wie sie früher ständig vor dem verhexten Spiegel gesessen hatte. Jede Nacht kam sie später nach Hause, bis sie eines Tages gar nicht mehr heimkam. Aus den Sorgen ihres Vaters wurden Kummer und Scham. Seine Tochter hatte ihren guten Ruf verloren – und jede Aussicht auf einen guten Gatten.

Eines Nachts kehrte Rebekka nach dreitägiger Abwesenheit zurück. Sie wurde ganz und gar von Lilith gelenkt und hatte keinen eigenen Willen mehr. Darum näherte sie sich ihrem Vater, ohne sich ihres Verlangens zu schämen. Er stieß sie weg und schimpfte laut: »Fort mit dir! Mögest du nie wieder das Licht des Tages sehen! Mögest du eine Kreatur der Nacht werden und in der Dunkelheit leben, denn dort gehörst du hin!« Rebekkas Vater konnte der Macht seiner Worte nicht glauben, als er seine einst geliebte Tochter zu einer kreischenden Fledermaus schrumpfen und in die Nacht fliegen sah. Sie wurde nie mehr gesehen.

AZAZEL

Im apokryphen Buch Henoch *ist Azazel, dessen Name »Gott stärkt« bedeutet, einer der obersten Beobachter. Beobachter sind zweihundert Engel, die in Ungnade fielen, weil sie sterbliche Frauen geheiratet hatten. Nach einer jüdischen Legende war Azazel ein Gefährte des abtrünnigen Luzifer, der es ablehnte, sich vor Adam zu verneigen, weil er glaubte, dem ersten Menschen überlegen zu sein. In der moslemischen Version der Geschichte verbannt Gott Azazel wegen dieses Ungehorsams aus dem Himmel und gibt ihm den neuen Namen Iblis.*

Die jüdische Überlieferung betrachtet Azazel als Sündenbock, der am Tag des Gerichts die Sünden auf sich nimmt. Das ist Azazels Strafe dafür, dass er den Menschen die Geheimnisse des Himmels verraten hat. Das Buch Henoch *erzählt, wie Azazel den Menschen beibringt, Waffen zu schmieden, und wie er die Frauen lehrt, sich zu schmücken. Die Folge waren Gesetzlosigkeit und Chaos, und schließlich war Gott gezwungen, die Sintflut zu schicken.*

Die Botschaft des Engels

Azazel besaß Wissen, das nur für den Himmel und seine Engel bestimmt war, weil es den unerfahrenen Menschen mehr geschadet als genutzt hätte. Dennoch gab er es an sie weiter. Er wurde aber nicht für das Chaos bestraft, das sein Verrat auslöste, sondern für seinen Vertrauensbruch.

Es gibt Wissen, das Sie nicht weitergeben dürfen. Wenn jemand Ihnen etwas anvertraut hat oder wenn Sie etwas erfahren, was nicht für Sie bestimmt war, müssen Sie es für sich behalten, selbst wenn es Ihnen unbedeutend vorkommt. Gerüchte, Klatsch und Lügen entstehen oft aus »Geheimnissen«, die wir verraten und danach nicht mehr im Griff haben, sodass sie unschuldige Menschen verletzen. Ein Vertrauensbruch, das Verbreiten von Klatsch und das Eindringen in die Privatsphäre anderer ruiniert auch unseren guten Ruf.

Der Sündenbock

DIE ZWEIHUNDERT ENGEL AUF dem Berg Hermon waren ein prachtvoller Anblick – doch leider kein gutes Zeichen für die Menschen, denn die launischen Engel hatten nichts Gutes im Sinn. Sie hatten die sterblichen Frauen schon eine Weile beobachtet und wollten sie für sich haben. Gott hatten sie ihre Pläne verschwiegen, weil er sie gewiss abgelehnt hätte.

Vom Berggipfel aus konnten sie die auserwählten Frauen gut sehen. Azazel, einer der Höchsten unter ihnen, bestaunte die schönen Geschöpfe dort unten. »Das wird ein großes Fest«, sagte er und rieb die Flügel aneinander. Dann flog er zusammen mit seinen Gefährten davon.

Schwungvoll landeten die Engel im Tal, und die erdgebundenen Frauen fielen zu Boden. Die Männer konnten nicht verhindern, dass die Engel sich mit ihren bereitwilligen Partnerinnen paarten. Alle schienen sogar gut miteinander auszukommen; denn die Engel waren eher leidenschaftlich als böse. So entstand neun Monate nach ihrer Ankunft eine ganz neue Rasse: die Nephilim.

Azazel vermisste den Himmel nicht. Mit jeder Paarung fand er größeren Gefallen an fleischlichen Genüssen, zweifellos weil sein engelhafter Leib jedes Mal ein wenig materieller wurde. Mit seiner Begeisterung für diese Freuden wuchs auch seine Verehrung für die sterblichen Frauen. Nun verstand er, wie wichtig sie für die Menschheit waren.

Die Zeit verging. Azazel gewöhnte sich an seine neue Heimat und an seine menschlichen Gefährten. Aber da er nur aus einem bestimmten Grund gekommen war, hatte er einen sehr begrenzten Blickwinkel. Seiner Meinung nach wollten die sterblichen Männer am liebsten kämpfen und sich mit Frauen vergnügen. Darum beschloss er, sie zu beschenken.

Um ihre Freude am blutigen Kampf zu vergrößern, brachte er ihnen bei, aus Eisen Waffen zu schmieden. Den Frauen zeigte er, wie sie sich mit Salben und Schmuck schöner machen konnten, um das Verlangen der Männer anzufachen. Es kam dem gefallenen Engel nicht in den Sinn, dass er den Sterblichen Geheimnisse des Himmels verriet, und da er nicht mehr klar denken konnte, begriff er nicht, was er mit seinen Belehrungen über wirksamere Waffen und lustvolleren Sex anrichtete.

Gott machte diesen Missetaten ein für allemal ein Ende. Er verbannte Azazel in die Wüste, wo er an Händen und Füßen gefesselt heute noch unter einem Haufen spitzer Felsen steht. Einmal im Jahr werden ihm die Sünden der Menschen aufgeladen, und die sind noch schwerer als die Steine, unter denen er gefangen ist.

Lass nicht zu, dass dein Mund dich in Schuld bringe.

PREDIGER 5:5

ASTARTE

Astarte ist eher eine gefallene Göttin als ein gefallener Engel. Als Aschtoret wurde diese semitische Gottheit von Salomon (1. und 2. Könige) verehrt, und in Babylon nannte man sie Ischtar. Sie war die syrische Göttin des Mondes, der Liebe und der Fruchtbarkeit. Kulte, die Tempelprostitution einschlossen, führten später zu ihrem Niedergang im Judentum und Christentum. Aphrodite, die griechische Liebesgöttin (die in Rom Venus hieß) ist aus Astarte hervorgegangen.

Astarte herrschte über die Seelen der Toten, die am Himmel als Sterne erschienen, und darum galt sie auch als Königin der Sterne oder Himmelskönigin. Als heidnische Gottheit wurde sie später vom Monotheismus dämonisiert, doch einige ihrer Titel übertrug man auf die Jungfrau Maria.

Die Botschaft des Engels Dass Astarte zum Dämon wurde, lag zum Teil an der angeblichen Unzucht ihrer Anhänger. Tempelprostitution und sexuelle Freizügigkeit während ihrer Frühlingsriten sollten für eine reiche Ernte sorgen. Der Monotheismus war jedoch der Ansicht, man könne dem schrecklichen Kreislauf der Geburt und des Todes durch die Verehrung eines einzigen, transzendenten Vatergottes entrinnen. Gott empfing die Seelen der Gläubigen nach dem Tod und befreite sie für immer vom schweren materiellen Dasein.

Hunger, Dürre und Naturkatastrophen gehören ebenso zur Natur wie Fülle und Schönheit. Nichts ist von Dauer, alles vergeht – Reichtum und Sattheit ebenso wie Not und Elend. Wer diese normalen Aspekte des Lebens fürchtet, löst Streit und Krieg aus, wer sie akzeptiert, sorgt für Frieden.

Auferstehung

Göttlicher Wahnsinn packte die Priester und Priesterinnen des Tempels zu Hierapolis. Man feierte die Frühlings-Tagundnachtgleiche, und die Vorbereitungen für das Fest der Astarte, der Großen Mutter und Herrin der heiligen Prostituierten, waren in vollem Gange. Viele Mädchen waren bereit, an Astartes Altar ihre Jungfräulichkeit zu opfern, doch nur sechs wurden auserwählt. Die andern durften Jungfrauen bleiben und darauf hoffen, im nächsten Frühling mehr Glück zu haben oder nach der Tempelfeier an den Orgien teilzunehmen. Astarte liebte alle, die dem Leben und der Kreativität huldigten.

Die Zeit der Auferstehung war gekommen. Astartes verstorbener Gefährte Adonis wartete darauf, durch das Frühlingsfest wieder zum Leben erweckt zu werden. Im Tempel herrschte ein reges Treiben, und die Priesterinnen stimmten ihre Klagelieder für den toten Gott an. Eunuchenpriester tanzten ekstatisch; sie ritzten sich mit Messern und gaben so ihr Blut der Erde zurück, damit Adonis auferstehen konnte. Die Luft war schwer von Rauch und Räucherwerk, und der stechende Geruch von Zibet vermischte sich mit dem süßen Duft von Orangenblüten. Die Tempeljungfrauen badeten in heiligem Wasser, das Jasmin und Geißblatt enthielt. Ein früher Frühlingszephyr trug die

Flötenmelodien hinauf zum Himmel, wo sie Astartes Füße liebkosten, die dort auf ihrem Thron saß. Ihre Freude war im ganzen Land zu spüren. Alles, was lebte, sang eine Hymne der Hoffnung und Erneuerung.

Die ausgelassenen Riten bewirkten einen winzigen Riss im Gewebe der Schöpfung, der mit der Zeit größer wurde. Der Vatergott war neidisch auf Astarte und ihre Anhänger, und er missbilligte ihr Tun. Sie frönten weltlichen Vergnügungen, um ernste Dinge wie Geburt, Tod und Wiedergeburt zu feiern. Das war weder Respekt noch Gottesdienst, sondern Selbstvergessenheit.

Der transzendente und ewige Gott beobachtete voller Mitleid, wie Männer und Frauen ihre Tugend opferten, um Adonis aufzuerwecken. Sie tanzten und sangen, tranken Wein, aßen zu viel und paarten sich wahllos mit jedem, um die Göttin der vergänglichen Freuden zu verehren. Er war die Unvergänglichkeit, sie die ewige Wiederkehr. Trotz seines Zornes verstand Gott, dass die Menschen das billige Vergnügen brauchten. Also wartete er. Die Erde war Astartes Reich – sollte doch die Erde die Göttin zurückholen, so wie alles andere. Und trotz seiner Eifersucht war Gott auch mitfühlend und machte sich Sorgen um Astarte; denn sie war ein Geist des Himmels und durfte nicht zur Erde zurückkehren, weil sie nicht aus Erde gemacht war.

Aber die Zyklen der Erde und ihrer Menschen wollten sie haben. Astarte musste die Gesetze befolgen, die sie selbst erlassen hatte. Man konnte sie weder erschaffen noch vernichten, nur umwandeln. Obwohl sie fallen musste, würde sie wieder auferstehen. Astarte und Adonis würden in neuer Gestalt zurückkehren, und die Menschen würden ihren Tod und ihre Geburt wieder feiern.

Ein jegliches hat seine Zeit,
und alles Vorhaben unter dem
Himmel hat seine Stunde.

PREDIGER 3:1

Apsaras

Anahita

Die Schekina

Cherubim

Engel des Todes

Taube

Walküren

Phönix

Universelle Engel

Engel werden in der heutigen abendländischen Kultur meist als makellose, junge Schönheiten mit großen weißen Flügeln dargestellt. Diese überaus romantische Vorstellung wurde nach der Renaissance immer populärer, und die Künstler trugen dazu bei. Es ist leicht zu verstehen, dass überirdische Schönheit und die Fähigkeit zu fliegen (sowie weitere übernatürliche Gaben) mit Himmelsboten verbunden werden. Schönheit, Reinheit und Freiheit sind Ideale, die irdische Fesseln lösen und ein wesentlicher Teil des Lebens im Paradies sind, wie Juden, Christen und Moslems es sich ausmalen.

Die Schekina

Wegen ihrer Fähigkeit, mühelos die Gestalt zu wechseln, werden Engel oft als Vögel dargestellt. Die Taube, der Schwan (der Bote der keltischen Anderswelt) und der Kranich (ein buddhistischer Glücksbringer) sind anmutige, geflügelte Wesen und Symbole der Seele sowie des universellen Geistes. Sie können zwischen Himmel und Erde hin und her fliegen. Himmelsboten, die mit dem Tod zu tun haben, erscheinen als schwarze Vögel, etwa als Raben oder Krähen.

In Wahrheit sind göttliche Boten in den meisten Religionen reiner Geist und für das menschliche Auge in ihrer natürlichen Gestalt unsichtbar. Wenn Engel den Menschen erscheinen, nehmen sie in der Regel eine Form an, die uns vertraut ist. Diese Form ist je nach Kultur und Einsicht des Individuums unterschiedlich. Die Dämonen der alten Griechen sind gänzlich unsichtbar und melden sich als inneres Wissen oder Intuition. Die Indianer in Nordamerika empfangen göttliche Botschaften von Totems, die sich als wilde Tiere verkleiden.

Engel, die materielle Form annehmen, ermöglichen es den Menschen, die spirituelle Welt anzuerkennen und zu deuten. Es ist sehr schwierig, abstrakt über das Göttliche nachzudenken; aber wenn wir einem ungreifbaren Geist oder dem Tod ein Gesicht geben, verstehen wir ihn leichter. Engel wie Anahita – im Zoroastrismus der Erzengel des Wassers – erinnern Gläubige an den heiligen Geist in der gesamten Schöpfung, während die leidenschaftlichen Apsaras der Hindus den physischen, sinnlichen Aspekt des Spirituellen symbolisieren. Die sonderbare Entwicklung der Cherubim von ihrem erhabenen Ursprung bis zu den pummeligen, geflügelten Kindern des Volksglaubens ist ein weiteres Beispiel für die Anpassung von Engeln an ihr kulturelles Umfeld.

Es ist durchaus nicht ungewöhnlich, dass der schöpferische Geist einer Idee Form verleiht. Selbst wenn Engel reine Fantasieprodukte sein sollten, sind sie in unserer Kultur realer als andere imaginäre Wesen. Sie erscheinen in unzähligen Gestalten, weil die Menschen, die von ihnen träumen, so verschieden sind.

Seit uralten Zeiten erforschen Weise und Psychologen unsere Seele und unsere Träume, um die Wahrheit zu finden. Engel sind die ältesten und universellsten Bewohner unserer Psyche und unseres Unterbewusstseins. Kein Wunder, dass sie so viele Wahrheiten offenbaren.

Taube

ANAHITA

Anahita ist ein schöner Engel, dessen voller Titel Ardvi Sura Anahita lautet, »die Starke und Unbefleckte«. Sie gehört zu den Jasatas – den »Bewundernswerten« – der alten persischen Religion, die wir Zoroastrismus nennen. Jasatas sind Himmelswesen und Herrscher über die Natur und die spirituelle Ebene. Anahita ist die Quelle aller irdischen Gewässer, und weil sie alles Leben bewahrt, gilt sie auch als Engel der Fruchtbarkeit. Außerdem ist sie zuständig für die Reinheit und Heiligkeit der Gebärmutter, der Muttermilch und des Spermas. Darum brachten die persischen Krieger vor einer Schlacht dieser Gottheit des Lebens Opfer dar. Traditionell wird sie mit einer goldenen Krone dargestellt, die mit hundert Sternen verziert ist. Sie trägt einen goldenen Mantel und hält einen Wasserkrug in der Hand. Wie es ihrer edlen Geburt geziemt, fährt sie in einem Wagen, den vier weiße Pferde ziehen, Symbole des Windes, der Wolken, des Regens und des Hagels.

Die Botschaft des Engels

Der Zoroastrismus war in Persien eine bedeutende Religion. Auch heute finden sich im Iran noch Anhänger. Damals war die Natur noch rein, und Anahita brauchte sich keine Sorgen über Umweltverschmutzung zu machen. Wasser, vor allem Süßwasser, ist keine Ware, denn ohne Wasser würde jedes Leben erlöschen.

Alle lebenden Wesen sollten Wasser haben. Wir müssen gemeinsam dafür sorgen, dass unser Wasser rein bleibt oder dass es, wenn nötig, gereinigt wird. Jeder von uns kann im Alltag dazu beitragen, dass das empfindliche Ökosystem der Erde unversehrt bleibt. Die ganze Schöpfung ist heilig, und darum ist ihre Erhaltung eine heilige Pflicht.

Die heilige Aufgabe

Gatha kniete an dem kühlen Fluss, an dem sie als Kind gespielt hatte. Jetzt war sie Frau und Gattin, und ihr einstiger Spielplatz war ihr Tempel. Hier betete sie heimlich zu Anahita, der Hüterin des Wassers und Herrin der Fruchtbarkeit. Viele Jahre lang hatte Gatha hier für ihre geliebte Anahita Gebete gesungen, doch jetzt schien ihre Hingabe ein Sakrileg zu sein, denn sie wurde mit Unfruchtbarkeit bestraft. Zum Himmel blickend, flehte Gatha zu Anahita.

»Höre mich, gütige und reine Ardvi Sura Anahita. Erhöre meine Gebete und segne mich mit einem Kind. Gewähre mir die Gunst, das Kind meines Gemahls zu tragen und zu nähren. Ich bin nur eine arme, geringe Frau und kann dir weder hundert Hengste noch tausend Ochsen, noch zehntausend Lämmer opfern. Ich opfere das Wenige, was ich habe. Um deinen Glanz zu ehren, verspreche ich, nie mehr an diesem kühlen, duftenden Wasser mit dir allein zu sein.«

Gatha vergrub das Gesicht in den Händen und weinte. Nun war sie nicht nur unfruchtbar, sondern auch ihrer heimlichen Riten beraubt. Als ihre bitteren, salzigen Tränen ins flache Wasser fielen, flüsterte ihr eine liebliche, sanfte Stimme ins Ohr: »Beflecke nicht mein Wasser mit deinen erbärmlichen Ergüssen. Sei nicht traurig. Dein Opfer ist groß und deine Hingabe wahr.«

Gatha hörte abrupt auf zu weinen und hielt nach der Quelle der Stimme Ausschau. Im Dunst über dem sprudelnden Bach schwebte der Engel Anahita. Ihr goldenes Gewand wehte anmutig im Wind, und die Krone auf ihrem Haupt funkelte im Licht der hundert Diamanten.

»Deine Gebete wurden erhört. Gehe nach Hause und bete mit den anderen Gläubigen im Tempel. Lehre die vielen Kinder, die du mir zu Ehren gebären wirst, dass mein Wasser nicht durch Gebete und Opfer, sondern nur

durch gute Werke rein bleibt. Lehre sie, meine Seen und Flüsse und Bäche zu achten. Aber in Zukunft werden die Menschen diese Fülle missbrauchen und schänden, bis Pflanzen und Tiere erkranken und sterben. Die Menschen werden Durst haben. Ermahne deine Kinder, den Herrn zu verehren, indem sie seine vollkommene Schöpfung bewahren. Doch wisse, dass deine Kinder und Enkel viele Generationen lang um der Schöpfung willen leiden werden. Sie werden sich auflehnen gegen jene, welche die Erde beschmutzen, und man wird sie deshalb verurteilen. Sie werden hart arbeiten und wenig Lohn bekommen. Doch der gnädige Ahura Masda wird ihr Opfer annehmen. Denke daran, dass es eure heilige Pflicht ist, die Schöpfung des Herrn zu erhalten. Geh zurück zu deinem Volk und beginne mit dem Werk des Herrn.«

Gatha verneigte sich dankbar und erleichtert. Als sie wieder den Kopf hob, war Anahita fort. Aber das Rühren tief in ihrem Schoß bestätigte ihr, dass ihre Vision wahr und ihre Mission göttlich war.

Und ich sah einen andern Engel aufsteigen vom Aufgang der Sonne, der rief mit großer Stimme und sprach: »Tut nicht Schaden der Erde noch dem Meer, noch den Bäumen.«

OFFENBARUNG 7:2–3

DER TODESENGEL

Wohl kein anderer Himmelsbote wird so missverstanden wie der Engel des Todes. Es ist ungerecht, ihn (oder sie) Dieb und Zerstörer zu nennen, obwohl Gott allein entscheidet, wann er ihn schickt. Einige der besten Engel haben die ehrenvolle Aufgabe, schlechte Nachrichten zu überbringen; in der jüdisch-christlichen Tradition sind es die Erzengel Gabriel und Michael. Im Zoroastrismus ist Mairja der Todesengel, und der eher gutmütige Azrael spielt diese Rolle bei den Moslems: Er schreibt die Namen der Neugeborenen in ein Buch und löscht die Namen der Toten. Die Rabbiner lehren, dass Samael (Satan) Freude an seiner grausigen Arbeit hat. Die Walküren der nordischen Mythologie sind grimmige Engel des Todes, die gefallene Krieger nach Walhall (»Halle der Gefallenen«) bringen. Die populärste abendländische Verkörperung des Todesboten ist der Sensenmann, ein Skelett im dunklen Gewand.

Die Botschaft des Engels Wer auf dieser Welt geboren wird, muss sterben. Die Botschaft des Todesengels ist einfach und klar, obwohl viele Menschen sie nur schwer akzeptieren können. Der Tod ist das Ende des physischen Lebens, das wir Sterbliche am besten verstehen. Was nach dem Tod geschieht, ist dagegen unbekannt, selbst wenn wir ihn nicht für das Ende halten. Doch der Tod kommt zu uns allen, egal, was wir glauben. Er ist der große Gleichmacher. Denken Sie daran, wenn wieder einmal jemand Ihren Seelenfrieden oder Ihr Leben stört. Selbst der Todesengel hat Sinn für Ironie!

Es ist zu einfach, den Todesboten als grausamen Mörder zu bezeichnen, der uns daran erinnert, dass alles vergeht. Denn letztlich ist seine Botschaft lebensbejahend. Er ermahnt uns, so zu leben, als gäbe es kein Morgen – bewusst, leidenschaftlich und dankbar.

Der Erstgeborene

Die Sklavenviertel Kairos wimmelten von Menschen. Nie zuvor hatte Inarus derart volle Straßen gesehen, nicht einmal wenn der Berater des Pharaos zur Inspektion kam. Die Israeliten schienen es am eiligsten zu haben. Sie liefen vom Marktstand nach Hause, nachdem sie die paar Kräuter und Körner gekauft hatten, die sie sich für ihren Sklavenlohn leisten konnten. Er sah seinen Freund Isaak ein neugeborenes Lamm auf den Schultern tragen. Das Tier blökte jämmerlich, als ahne es sein Schicksal. Offenbar wurde ein Fest vorbereitet.

»Was ist denn los?«, fragte Inarus seinen Freund.

»Ich weiß es nicht«, antwortete Isaak. »Meine Eltern sagen es mir nicht. Aber es ist etwas im Gange. Jede jüdische Familie röstet ein Lamm zum Essen. Es muss etwas Großes sein.«

Dies ist der Tag, den der Herr macht; lasst uns freuen und fröhlich an ihm sein.

PSALM 118:24

Inarus war gern mit Isaak zusammen, aber sie feierten nie gemeinsam. Inarus stammte aus einer ägyptischen Dienerfamilie und hatte einen höheren Rang als die israelitischen Sklaven, die im selben Getto lebten. Zudem verehrten Ägypter und Israeliten verschiedene Götter.

Auf seinem Weg nach Hause bemerkte er das frische Blut an den Türen der israelitischen Häuser. Welcher Brauch war das? Vielleicht wussten es seine Eltern. Aber die waren so verdutzt wie sein älterer Bruder Kenefer, der ein geheimes Zeichen vermutete.

»Ein geheimes Zeichen wofür?«, wollte Inarus wissen.

Kenefer sah seinen kleinen Bruder mit gespielter Missbilligung an. »Wenn wir es wüssten, wäre es nicht mehr geheim, oder?«, erwiderte er.

Inarus konnte in dieser Nacht nicht schlafen. Er erhob sich von der Matte auf dem Boden, die er mit seinem Bruder teilte, und setzte sich ans Fenster. Während er den mit Sternen übersäten, samtig-schwarzen Himmel betrachtete, erhob sich langsam die Silhouette eines großen Berges aus der Wüste und schwebte still über den Dächern der Stadt. Der gewaltige Schatten schien aus Asche zu bestehen, denn er verdunkelte die Sterne. Jetzt erkannte Inarus, dass dies kein Berg war. Es musste ein Gott sein. Das Wesen hatte große Flügel, die sich von einem Horizont zum anderen erstreckten. War es Maat, die Göttin der Gerechtigkeit? Oder vielleicht Horus, der Herr des Himmels? Beide hatten Schwingen. Doch sie hätten Inarus nicht mit einer so bösen Vorahnung erfüllt.

Plötzlich stieß eine Windbö die Tür weit auf. Ein bleicher grauer Nebel drang in den Raum und wirbelte überall herum, als suche er etwas. Obwohl der Wind warm war, schauderte Inarus. Er hörte Kenefer im Schlaf leise stöhnen; dann erstarb der Wind, und der Nebel verschwand. Seine Eltern erwachten vom Lärm und eilten herbei. Inarus versuchte, sich zusammenzureißen; aber er wusste, dass etwas Schreckliches geschehen war. Plötzlich wandten Vater, Mutter und Sohn sich Kenefer zu, der immer noch auf dem Boden lag. Sie knieten neben ihn, um ihn aufzuheben.

Noch bevor der Vater fluchte und die Mutter klagte, wusste Inarus, dass sein geliebter älterer Bruder, der erstgeborene Sohn, tot war.

DIE FRIEDENSTAUBE

Als Geschöpfe, die fliegen können, symbolisieren Vögel auf der ganzen Welt die Seele, die Freiheit und das Band zwischen Himmel und Erde. Der Koran nennt das spirituelle Wissen »Sprache der Vögel«. Darum gilt die Taube mit ihren reinen weißen Federn und ihrem sanften Wesen als Botin des Friedens, der Hoffnung, der Freiheit und des Segens. Mit ausgebreiteten Flügeln und gespreizten Schwanzfedern ist sie ein überzeugendes Sinnbild engelhafter Anmut und Schönheit.

Sowohl die Taube als auch die Seele werden mit dem Weiblichen verbunden (die lateinische anima *und die griechische* psyche *bedeuten »Geist«). Auch der Heilige Geist der christlichen Trinität wird von einer Taube symbolisiert, ebenso Sophia, die Göttin der Weisheit. Die ersten Christen glaubten, die Quelle der Inspiration und der Ideen sei weiblich (idea ist vom lateinischen* in dea, *»innere Göttin«, abgeleitet). Auch für die Göttinnen der Liebe und Fruchtbarkeit, Aphrodite und Astarte, ist dieser Vogel ein Totem.*

Die Botschaft des Engels Reine, himmlische Schönheit und das liebliche, klagende Lied der Taube wecken Gefühle des Glücks, des Friedens und der Zufriedenheit. Das alles werden wir im Himmel bekommen; doch die Menschen wollen auch hier auf Erden ein bisschen Himmel haben. Für viele ist das Leben hart, und sie müssen ums Überleben kämpfen. Die Hoffnung hilft Menschen und Völkern bei ihrem Streben nach Frieden.

Wir alle sind irgendwann verzweifelt und können uns nicht vorstellen, dass die dunkle Nacht der Seele jemals vorübergeht. Doch im Schlamm des Kummers wächst der Same der Hoffnung. Hoffnung und Verzweiflung entstehen aus dem Kampf und aus dem Willen zum Leben. Apathie, nicht Verzweiflung, ist das Gegenteil der Hoffnung. Wenn Sie fühlen können, und sei es unter Schmerzen, besteht Hoffnung auf Frieden.

Land der Hoffnung

NOAH SCHAUTE IN DEN TAUbenschlag. Den Tauben ging es besser als den meisten anderen Tieren in der Arche. Die anderen, auch die Menschen, stritten sich ständig. Nach vierzig Tagen und Nächten auf dem überfüllten Schiff waren die Lebensbedingungen schier unerträglich. Der Regen hatte endlich aufgehört, und alle wollten mit Füßen, Pfoten, Hufen oder dem Bauch festen Boden spüren.

Die weibliche Taube legte neugierig den Kopf schief und gurrte leise. Sie war dankbar für jede Abwechslung und wehrte sich nicht, als Noah sie aus dem Käfig holte. Auf einmal spürte sie frische Luft in den winzigen Lungen und war fast benommen vor Freude.

Geduld aber Bewährung,

Bewährung aber Hoffnung.

RÖMER 5:4

Viele Menschen hatten sich auf dem Deck versammelt: die Frau des Patriarchen, seine drei Söhne und deren Frauen sowie eine Menge Kinder. Etwas Bedeutsames stand bevor. Die Taube war nicht dumm; sie hatte erlebt, wie einige Artgenossen auf einem Altar geopfert worden waren. Darum zitterte sie vor Furcht in den Händen des alten Mannes.

»Na, na, meine Kleine«, tröstete Noah sie. »Jetzt darfst du die Flügel ausbreiten und fliegen.« Er ließ die Taube los. »Fliege, so weit deine Flügel dich tragen, und kehre mit guten Nachrichten zurück.«

O wie herrlich es war, wieder zu fliegen! Die Taube war so aufgeregt, dass sie nicht nach dem Grund ihrer Freiheit fragte. Sie wollte nur auf dem Wind segeln. Aber die Welt sah ganz anders aus ... Wasser, so weit das Auge reichte. Dennoch würde die Taube fliegen, bis sie an Land war. Stundenlang flog sie ohne Rast, und immer noch war kein Land in Sicht. Als sie schwächer wurde, kehrte sie zögernd zur Arche zurück.

Eine Woche später ließ Noah sie erneut frei. Nach einiger Zeit erblickte sie eine kleine Insel auf der spiegelnden Wasserfläche. Begeistert von ihrer Entdeckung, wollte die Taube zuerst auf dem Eiland bleiben; doch bald fühlte sie sich einsam und beschloss, zur Arche zurückzufliegen. Vorher pflückte sie noch ein Blatt von einem Olivenbaum, um es ihrem Gefährten zu schenken. Noahs Familie jubelte lauter als die Taube! Alle hüpften auf und ab und lachten und weinten gleichzeitig. Besonders seltsam war, dass sie um das Blättchen größeres Aufhebens machten als der Täuberich.

Nach sieben Tagen ließ Noah sie wieder fliegen, doch dieses Mal hatte sie keine Lust zurückzukehren. Sie hatte ihrem Gefährten versprochen, ihn auf der Insel zu erwarten. Einige Wochen später waren sie unter einem sonnigen Himmel und einem strahlenden Regenbogen wieder vereint. Niemand schien es zu stören, dass sie nicht zurückgekommen war. Alle waren voller Hoffnung und Frieden, jeden Tag mehr.

APSARAS

Apsaras sind liebliche Wassernymphen in der Hindu-Mythologie. Ihr Name bedeutet im Sanskrit »sich im Wasser bewegen«, und man sagt, sie würden aus dem Schaum des Meeres geboren. Sie wohnen im Himmel, wo sie Indra, dem göttlichen Krieger, dienen. Ihre Gefährten sind die gandharvas, *Geister der Luft und der Musik. Apsaras erfreuen die Götter mit Gesang, Tanz und sinnlichem Vergnügen.*

Ihren Rang als himmlische Kurtisanen verdanken sie dem Umstand, dass sie weder göttliche noch dämonische Partner finden. Sie haben die Aufgabe, den Seelen verstorbener Helden nach ihrer Ankunft im Paradies zu dienen, ähnlich wie die Huris *im Islam. Auf der Erde nutzen sie ihre unwiderstehliche Schönheit und ihre Verführungskünste, um böse Männer von Untaten abzuhalten und Spielern Glück zu bringen. Außerdem sind sie Boten für Kali, die Göttin der Zerstörung und der Vernichtung des Bösen.*

Die Botschaft des Engels

Die Gaben der Apsaras sind Lust und Schönheit. Sie zeigen uns, dass wir keine Asketen sein müssen, um mit dem Göttlichen Verbindung aufzunehmen. Wer kärglich lebt, hat ein verzerrtes Weltbild. Wenn wir das Beste genießen, was diese Welt zu bieten hat, erfreuen wir nicht nur die Sinne, sondern würdigen das Schöne, das uns der Himmel schenkt.

Kunst, Musik, Dichtung und Tanz drücken unsere edelsten und kreativsten Aspekte aus. Es gibt noch viele andere Möglichkeiten, das Menschsein zu genießen. Unsere Sinne und Gefühle sind Gaben, keine Strafe. Schönheit auszudrücken ist heilig und kreativ, denn damit bejahen wir das Leben. Darum schenken die Engel uns Lust und Schönheit mitten in der Traurigkeit und im Chaos.

Die verführerische Nymphe

MENAKA, DIE SCHÖNSTE und reizvollste Nymphe des Himmels, wurde zum Gott Indra gerufen. Als sie den großen Saal betrat, hielten die vielen Tänzerinnen sofort inne und machten Indras Favoritin Platz. Der eitle, strahlende Gott blieb unbewegt und betrachtete sich weiter in einem seiner zahlreichen Spiegel.

»Ihr habt mich rufen lassen, Herr?«, sagte die himmlische Kurtisane.

»Ah, Menaka, klügster aller Engel«, erwiderte Indra salbungsvoll. »Ich habe einen Auftrag, den nur eine Apsara mit deinen Talenten erfüllen kann.«

Menaka hörte aufmerksam zu, als Indra ihr sein Anliegen vortrug. Der weise Vishvamitra bedrohte Indras Thron. Der eifrige Brahmane übte sich seit Hunderten von Jahren im Yoga und in Entbehrungen und war nun so rein, dass er beinahe die absolute Macht über Himmel und Erde erlangt hatte. Kein Wunder, dass Indra sich große Sorgen machte. Zum Glück hatte er die begabte Menaka. Sie sollte Vishvamitra von seinen ungöttlichen Meditationen abbringen. Indra wusste, dass Menaka ihn nicht enttäuschen würde, und sie wusste es auch.

Also flog sie auf schönen Pfauenflügeln hinab zur Erde, und bald hatte sie den ehrgeizigen Asketen entdeckt – er meditierte unter einem Baum im Wald der falschen Fakire. Er bemerkte kaum, dass die Nymphe auf seinem Schoß landete. Sie schürzte verführerisch die Lippen und küsste das Gesicht des Brahmanen wie ein lieblicher Zephir. Aber der Weise reagierte nicht. Wieder küsste sie ihn sanft, diesmal auf die Nasenlöcher. Der angenehme Duft von Frangipani war so überwältigend, dass Vishvamitra vor Vergnügen fast ohnmächtig wurde. Die Nymphe erhob sich und stellte sich vor ihn. Sie begann so lieblich zu singen, dass alle Vögel im Wald sich ihr anschlossen.

Ihre zarte Stimme lullte den Weisen allmählich ein, und er wurde dadurch ungewohnt sorglos. Als die Vögel die Melodie aufgriffen und das Laub im gleichen Rhythmus raschelte, fing Menaka zu tanzen an. Ihre fließenden Bewegungen harmonierten mit den Liebkosungen des Windes. Sie wusste und spürte, dass der Sieg nahe war, denn der Weise seufzte tief. Er war nur ein Sterblicher und zudem ein Mann – also konnte er sich dauerhaft ihrem Zauber nicht entziehen.

Vishvamitra war der Apsara nicht gewachsen. Jahrelange Entsagung hatte ihn zwar diszipliniert und stark gemacht, aber ihm fehlte die Erfahrung in weltlichen Dingen. Die Frau aus der anderen Welt zeigte ihm nur den Weg, und er folgte ihm. Viele Monate lang genoss er irdische Freuden.

Da die himmlische Nymphe ihn ablenkte, machte er sich keine Gedanken über seine Schwäche und sein Versagen. Er lebte nur noch für die Lust des Augenblicks. Nach einem Jahr gebar Menaka ein wunderschönes Mädchen namens Sakuntala, und da sie ihre Aufgabe erfüllt hatte, überließ sie ihre Tochter Vishvamitra und kehrte glücklich in den Himmel zurück. Dem glücklosen Weisen aber blieben nur ein Baby und schöne Erinnerungen.

Was ehrbar, was gerecht,

was rein ist – darauf seid bedacht!

PHILIPPER 4:8

DIE SCHEKINA

Die Schekina – ihr Name ist vom hebräischen Wort für »wohnen« abgeleitet – ist der Geist Gottes, der in der Welt und in den Menschen wohnt. Manchmal nennt man sie die Braut des Herrn, weil sie die göttliche Vereinigung des Weiblichen und des Männlichen symbolisiert. In der Kabbala ist sie die Königin der Engel, im Sohar *der Engel der Schöpfungsgeschichte, der Jakob vor allem Bösen schützte. Maimonides, ein jüdischer Philosoph im Mittelalter, hielt sie für eine Vermittlerin zwischen Gott und der Welt. Für die Gnostiker war sie Pistis Sophia, der Heilige Geist der Trinität. Andere nannten sie »Engel, der vorausgeht«, weil Gott sie sandte, um die Israeliten aus Ägypten zu führen. Die gleiche Aufgabe wird jedoch auch Johannes dem Täufer und dem Engel Metatron zugeschrieben. Wenn die Schekina als Metatron erscheint, ist sie der Engel der Befreiung.*

Die Botschaft des Engels

Im Alten Testament nimmt die Schekina oft die Form einer Wolke oder eines Feuers an. Sie ist ein Symbol des inneren Feuers, das unser Herz und unseren Geist antreibt, ein Ausdruck unserer göttlichen Natur sowie der vielen Vorrechte und unbegrenzter Möglichkeiten, die das Leben uns bietet.

Freiheit ist eines der begehrtesten Privilegien, und es gibt viele Definitionen dieses Begriffs. Selbst wenn Menschen unterdrückt, eingesperrt oder misshandelt werden, können sie denken und glauben, was sie wollen, sofern ihr Geist unversehrt bleibt. Darum ist die »Gehirnwäsche« so heimtückisch: Sie raubt dem Menschen eine der wichtigsten Freiheiten – die Fähigkeit, unabhängig zu denken.

Die letzte Grenze der Freiheit liegt im Geist. Manche Gedanken sind zunächst unangenehm oder schmerzlich; doch solange wir sie ändern können, genießen wir die größte Freiheit, die sich denken lässt.

Das Herz aus Feuer

Wo aber der Geist des Herrn ist,

da ist Freiheit.

2. KORINTHER 3:17

IM LAGER DER ISRAELITEN verbreitete sich das Gerücht, dass Büsche brannten und Engel des Herrn erschienen. Unter der Führung von Moses versammelten sich die Stammesältesten, steckten die Köpfe zusammen und murmelten. Abelia, die Tochter von Moab und Miriam, war so zierlich und schüchtern, dass es niemandem auffiel, wenn sie sich irgendwohin schlich, wo sie nichts zu suchen hatte, und die Versammlungen belauschte. Sie sah, dass die alten Patriarchen oft der wirbelnden Wolke aus rosa und purpurnem Sand Blicke zuwarfen, die der riesigen Karawane den Weg wies.

Offenbar liefen die Israeliten vor etwas weg, denn wenn sie nicht zur Wolke schauten, blickten sie zurück. Das verstand Abelia nicht, aber sie war sicher, dass es etwas mit der seltsamen Wolke zu tun hatte. Die Kleine fühlte sich von ihr getröstet. Die Wolke schwebte am fernen Horizont und wartete auf die vielen befreiten Knechte. Sobald sie kamen, bewegte sie sich schneller, und der Wirbel drehte sich dabei fast gemächlich, ohne auf dem ausgetrockneten Wüsten-

boden eine Spur zu hinterlassen. Es war eine gewaltige, stumme Form aus Nebel und Sand, die immer außer Reichweite blieb.

Die Israeliten folgten der Wolke monatelang, bis sie an ein Meer kamen. Tausende von Menschen säumten das Ufer und starrten ängstlich auf die enorme Wasserfläche. Dort standen sie den ganzen Tag, ohne ein Lager aufzuschlagen. Schließlich verwandelte sich die Wolke in eine hohe, dünne Feuersäule. Diesmal jedoch schoss die Säule quer über den Himmel wie ein gigantischer Komet. Hinter den Wanderern kam sie zur Ruhe und blieb die ganze Nacht stehen.

Am nächsten Morgen erlosch das Feuer, und eine fahle Rauchwolke erschien. Moses stieg auf einen Hügel und betrachtete die Szene, während das versammelte Volk seinen Führer still und atemlos anstarrte. Als er seinen Stab über dem Kopf schwang, erhob sich ein gewaltiger Sturm, der das Meer teilte, sodass zwischen den hohen Mauern aus Wasser ein breiter, trockener Weg entstand. Sofort begannen die Israeliten mit der Durchquerung des Meeres, und als der Letzte von ihnen ans Ufer stieg, krachten die feuchten Wälle zusammen, und vom Weg blieb keine Spur übrig. Abelia konnte nicht sehen, was geschah, aber sie hörte die Schreie der Verfolger, die von den Wassermassen fortgespült wurden. Die Israeliten jubelten und umarmten einander, und überall in der Menge hörte man Rufe wie »Frei, endlich frei« und »Dem Herrn sei Dank!« Abelia teilte die ansteckende Freude, aber sie dankte der magischen Wolke.

Das Mysterium der Wolke faszinierte sie, doch sie behielt ihre geheime Liebe bis ans Ende ihres Lebens für sich. Aus der Liebe wurde tiefer Glaube, der ihr half, viele Entbehrungen zu überstehen. Als sie starb, war sie glücklich und frei.

PUTTEN

Die allgegenwärtigen geflügelten Babys, die man Putten nennt, dürfen nicht mit den furchterregenden geflügelten Cherubim verwechselt werden, die einer Sphinx ähneln und in der himmlischen Hierarchie der Engel den zweiten Rang einnehmen. Die niedlichen Engelchen auf den Valentins- und Weihnachtskarten haben nichts mit ihnen zu tun.

Populär wurden die kleinen Putten im Barock und in der Renaissance. Sie entwickelten sich aus dem römischen Gott Amor (und seiner griechischen Entsprechung Eros), der als Jüngling oder Knabe mit Pfeil und Bogen dargestellt wird. Sterbliche, die sein Pfeil trifft, werden von romantischer Leidenschaft gepackt. Auf Bildern schweben oft Putten um Liebende oder um nackte Frauen herum, aber sie symbolisieren auch die keusche, spirituelle Liebe. Viele Gemälde, die in der Renaissance entstanden, zeigen Putten, die das Jesuskind und die Jungfrau Maria umringen und die Geburt des Erlösers feiern.

Die Botschaft des Engels

Die volkstümlichen Putten sind kein Produkt der Theologen, sondern der Künstler. Romantisch-religiöse Leute kaufen Bilder von Kinderengeln, die so gar nicht zu der Leidenschaft passen, die sie verkörpern. Immerhin ist Jugend auch ein Symbol für neues Leben und Neubeginn.

Alles, was der Leidenschaft entspringt, ist sehr spirituell. Bei wahren Liebenden vereinigen sich die körperliche und die spirituelle Liebe. Religiöse Menschen, Künstler und Philosophen geraten in Verzückung, wenn sie mit ihrem Gott oder mit ihrer Muse verbunden sind. Diese Ekstase ist immer die Folge tiefer Hingabe und harter Arbeit. Leidenschaft verjüngt den Körper und die Seele und gibt dem Leben einen Sinn. Das Leben ist öde, wenn wir uns körperlich oder geistig verausgaben, und das einzige Heilmittel besteht darin, etwas Neues und Anregendes zu unternehmen.

Wahre Liebe

Am Anfang schuf Gott
Himmel und Erde.

1. MOSES 1:1

MARIA BETRACHTETE IHREN neugeborenen Sohn. Er war vollkommen, das schönste Kind, das sie je gesehen hatte. Sie brauchte keinen Engel, der ihr erklärte, dass Gott ihr dieses Kind gesandt hatte. Alle Kinder kommen vom Himmel, doch der kleine Jesus war etwas Besonderes, und jetzt gehörte er noch ihr allein.

Die Entbindung war erstaunlich schnell und leicht gewesen, wenn man bedachte, unter welch ungünstigen Umständen Maria ihr erstes Kind gebären musste. Wie oft hatte sie andere Frauen von den schrecklichen Schmerzen während einer Entbindung reden hören – doch kaum war ihr Sohn geboren, vergaß sie das alles. Josef, ihr Gatte, war mit solchen Dingen ebenso wenig vertraut wie sie, aber er war gütig und hilfsbereit gewesen und hatte sich wie eine erfahrene Hebamme verhalten.

Das Heu, auf dem sie lag, fühlte sich weich wie Samt an, und die Gerüche der Tiere waren für Maria lieblich wie der Duft

frischer Rosen. Ihr grobes, blutiges Geburtskleid schien aus Seide zu sein, fein genug für eine Königin. Und das Kind in ihren Armen war ein makelloser kleiner Prinz.

Der muhende Ochse, die gurrende Taube, der wiehernde Esel, das blökende Lamm und sogar die laut gackernden Hühner klangen in Marias Ohren wie ein Engelchor. Der kalte, feuchte Stall war jetzt ein großer Saal in einem Schloss. Bethlehem war der Himmel, und sie war seine Königin.

Ihr kleiner Prinz begann zu weinen. Sie drückte ihn an sich. Seine winzige Hand griff nach der Brustwarze. Es kitzelte, und Maria kicherte entzückt. Die kleinen, tastenden Finger waren so zart und weich. Jetzt fand der süße kleine Mund die Brust und begann zu saugen. Was für ein wundervolles Gefühl! Die Himmelskönigin saß auf ihrem Thron, voller Freude und Frieden, und all das verdankte sie dem Kind, das sie stillte.

Maria konnte sich kaum noch beherrschen. Ach, wenn sie ihren Frieden und ihre Freude doch mit der ganzen Welt teilen könnte! In den letzten Stunden hatte dieses Kind die verborgenen Tiefen ihrer Liebe enthüllt. Sie hatte nicht gewusst, dass so viel Liebe in ihr war. Würde ihr Sohn sie noch mehr über die Liebe lehren, wenn er heranwuchs?

Schneeweiße Tauben flatterten um sie herum, und ihr Flügelschlag sorgte für eine warme, duftende Brise. Doch nein – das waren keine Vögel, sondern kleine Engel, kaum größer als das neugeborene Kind.

Die geflügelten Putten flitzten hin und her; der ganze Stall war mit lustigen, schwebenden Babys gefüllt. Einen flüchtigen Augenblick lang fürchtete Maria, sie befinde sich im Delirium. Sie musterte das Kind in ihren Armen. Seine noch ausdruckslosen Augen bewegten sich hin und her. Sah er die Engel etwa auch? Maria lachte vergnügt. Und Jesus, ihr kostbares Lämmchen, ihr Gotteskind, lachte mit.

WALKÜREN

Die Walküren, die ihrem Namen zufolge »die Gefallenen auswählen«, werden auch als nordische Todesengel bezeichnet. Es sind grimmige, sagenhafte Jungfrauen, die auf Befehl des Gottes Odin darüber entscheiden, welche Krieger siegen und welche in der Schlacht sterben. Ihrem unheimlichen Auftrag verdanken sie den Titel »Wunschmädchen«, aber man nennt sie auch »Schwanenmädchen«, weil sie manchmal üppige Gewänder aus Schwanenfedern tragen. Meist bestehen ihre Kleider jedoch aus Rabenfedern, denn diese Vögel sind Boten des Todes.

Während einer Schlacht reiten die Walküren in wechselnder Gestalt auf ihren herrlichen Pferden durch die Luft, bewaffnet mit Schwert und Schild. Ihre glänzende Rüstung soll der Ursprung der Nordlichter sein. Nach dem Kampf führen sie die Seelen der gefallenen Helden nach Walhall, in den Festsaal der toten Krieger.

Die Botschaft des Engels Walküren sorgen dafür, dass gefallene Krieger ausgiebig und endlos feiern dürfen. Alle dürfen essen, trinken und fröhlich sein, weil sie den Tod nicht mehr fürchten müssen. Walhall ist ein Hafen für die Seelen der Wikinger, die an ein urwüchsiges, hartes Leben gewöhnt sind. Obwohl die alten Normannen sich oft barbarisch benahmen, waren sie nicht ohne Ehre, und ihre Lebensweise machte ihnen großen Spaß.

Leidenschaft und Begeisterung sind Geschenke des Geistes, wie das Wort Enthusiasmus zeigt, das vom griechischen *entheos* (»von Gott inspiriert«) abgeleitet ist. Wenn wir begeistert sind, arbeiten wir voller Hingabe – zum Beispiel an einer Aufgabe oder an unserer Karriere – und nutzen alle unsere Fähigkeiten: Wir zapfen unser göttliches Potenzial an. Echter Enthusiasmus ist ansteckend und holt das Beste aus uns heraus.

Ein guter Tod

Die mächtige Walküre Thrud saß auf ihrem edlen Ross und betrachtete die öde Küstenlandschaft, die bald Schauplatz einer Schlacht sein würde. Die Wikinger waren am Tag zuvor gelandet und würden gegen die Schotten um den Besitz eines kahlen, vom Wind gepeitschten Landstreifens kämpfen. Thrud hatte von Odin erfahren, dass die Wikinger siegen würden – allerdings würden viele ihrer Helden bald in Walhall feiern.

Der Blick der schönen Walküre fiel auf Gaedar Gaedarsson, einen begeisterten jungen Krieger, den sie heute als Ersten holen sollte. Odin hatte keinen Zweifel daran gelassen, dass Gaedar fallen würde. Thrud und ihre Schwestern warteten in den Sturmwolken, die sich zusammenballten. Sobald die Krieger unten auf dem Schlachtfeld zu kämpfen begannen, konnten die Walküren eingreifen.

Einen Augenblick später rannten die beiden Heere aufeinander zu. Die Männer schwangen Schwerter, Äxte und Speere, und von ihrem Kriegsgeschrei bebte die Erde. Die Walküren stießen ihrerseits ein schreckliches Kreischen aus. Sie verwandelten sich in Raben und stürzten sich auf die Auserwählten unter den Kämpfenden.

Gaedar war stark und geschmeidig. Selbstsicher und geschickt setzte er seine Streitaxt ein, doch seine furchtbarste Waffe war das Kampffieber, das ihn gepackt hatte und ihn zum Berserker machte. Schwerter prallten gegeneinander, Männer schrieen und stöhnten, und der Kupfergeruch des strömenden Blutes trieb Gaedar in den Blutrausch. Nichts konnte seine Kampfeslust mehr stillen.

Der große, unbeholfene Mann, den Gaedar zuerst angriff, war fast doppelt so alt wie er; doch er trug einen riesigen Schild, mit dem er Gaedars schnelle Schläge abwehrte. Gaedar schnaubte ungeduldig, denn er sehnte sich nach einem stärkeren Gegner. Rasch schob er seine schwere Axt unter den Schild und wuchtete ihn hoch.

und blieb mit weit aufgerissenen Augen wie erstarrt stehen. Im nächsten Augenblick brach er zusammen – ein Pfeil war ihm ins Herz gedrungen.

Thrud verlor keine Zeit und warf den toten Krieger auf den Rücken ihres Pferdes. Gaedar war nur der Erste von vielen, die sie heute vom Schlachtfeld mitnehmen musste. Auf einem Regenbogen ritten sie in eine prächtige Festhalle, wo gefallene Kameraden Gaedar bereits fröhlich zechend erwarteten. Selbst die grimmige Thrud wurde sanft, als sie Gaedar einen goldenen Pokal voller berauschendem Met reichte. Er trank den Kelch in einem Zug aus, und ihm war, als blinzle die Walküre ihm dabei zu. Eine Euphorie, die noch atemberaubender war als Kampfeslust, packte ihn. Thrud lächelte leicht. »Willkommen in Walhall«, sagte sie.

Jetzt war der Schotte ungeschützt, und ein einziger Hieb würde ihn töten.

In dem kurzen, aber ewigen Moment vor dem letzten Schlag flog ein Rabe zwischen die beiden Männer. Trotz seines Kampffiebers wusste Gaedar, warum der Vogel sich plötzlich in eine Frau von betörender, überirdischer Schönheit verwandelte. Gaedar hielt mitten im Schlag inne

> *Alles, was deine Hände zu tun haben, das tue mit all deiner Kraft.*
>
> PREDIGER 9:10

DER PHÖNIX

Wenn das apokryphe Buch Henoch *Recht hat, ist der Phönix ein vogelähnlicher Engel von gleichem Rang wie die Seraphim und Cherubim. Die Sagen rund um den Phönix (das griechische Wort bedeutet »kastanienbraun«) setzen diesen mythischen Vogel mit der Sonne gleich. In mancher Hinsicht ähnelt er dem ägyptischen* benu, *einem sagenhaften Vogel, der aussah wie ein purpurner Reiher und im Sonnentempel zu Heliopolis verehrt wurde.*

Alle fünfhundert Jahre, wenn sein Tod naht, errichtet der Phönix einen Scheiterhaufen und opfert sich selbst. Kurz danach steigt er unversehrt aus seiner eigenen Asche. Wegen seiner einzigartigen Fähigkeiten ist er ein Symbol der Erneuerung, der Auferstehung und der Unsterblichkeit. Er symbolisiert Christus und ist sehr wahrscheinlich der schwer zu fangende Paradiesvogel. Laut Henoch hat er zwölf Flügel und begrüßt die Morgensonne mit seinem lieblichen, himmlischen Lied.

Die Botschaft des Engels Der Phönix überbringt eine Botschaft der Wiedergeburt – nicht nur im Jenseits, sondern auch hier auf Erden. Manchmal geschieht ein Unglück und bringt unser Leben durcheinander; aber solche Ereignisse sind auch eine Gelegenheit, neu zu beginnen. Es ist nicht ungewöhnlich, dass Menschen, die durch eine Katastrophe ihren gesamten materiellen Besitz verlieren, unendlich dankbar dafür sind, dass ihr Leben verschont wurde.

Aber Sie brauchen nicht auf ein Unglück zu warten, um das Leben zu lieben. Jeder Tag kann ein Neubeginn sein, der neue Chancen eröffnet. Wenn Sie einen neuen Job annehmen oder irgendwohin reisen, wo niemand Sie kennt, fühlen Sie sich wie neu geboren. Selbst wenn sich solche Gelegenheiten nicht anbieten, können Sie jederzeit eine neue Seite aufschlagen. Die nächste ist immer eine leere Seite, auf die Sie ein neues Kapitel Ihres Lebens schreiben können.

Ein neuer Tag

Siehe, ich mache alles neu!

OFFENBARUNG 21:5

Auf dem obersten Ast des höchsten Baumes im schönsten Garten, den es je gegeben hat, beugte der seltenste und herrlichste aller Vögel seinen langen, anmutigen Hals, um die Morgensonne zu grüßen. Er breitete die Flügel aus, hob sie langsam und bewusst hoch, und verharrte in seiner demütigen Haltung.

Die purpurrote Sonne überflutete den Vogel mit ihren heißen Strahlen. Sein Gefieder reflektierte die Farben. Schimmernde Nordlichter, deren Farbtöne sich ständig änderten, schienen auf ihm zu tanzen. Die willkommene Wärme der Sonne rührte das Herz des großen Vogels. Dies war wieder einmal der Beginn einer endlosen Reihe wunderschöner Tage. An diesem Morgen saß er wie immer auf seinem Ast und sang das Loblied der Schöpfung. Im ganzen Paradies gab es keine lieblichere Stimme. Das Lied war so vollkommen, dass alle anderen Kreaturen im Garten Eden den Atem anhielten. Der Wind hörte auf zu wehen, Bäche standen still, und sogar die Sonne legte auf ihrer Reise eine Pause ein, um dem köstlichen Gruß zu lauschen.

An diesem Tag war der Gesang des Vogels ungewöhnlich ergreifend und schwermütig. Der Tod rief ihn – obwohl der Tod in diesem Land machtlos war. Als der Phönix seine Hymne an das Leben beendet hatte, traf er seine Vorbereitungen. Langsam und überlegt baute er aus den Zweigen eines Granatapfelbaumes und trockenen, schmalen Palmblättern ein Nest. Für einen angenehmen Duft sorgten Safran, Myrrhe und Weihrauch. Zufrieden betrachtete er sein Werk: Es war vollkommen, wie es sich im Paradies schickte. Dann hüpfte er ins Nest und schaute noch einmal hinauf zur Sonne, die jetzt tief am westlichen Horizont stand. Er flatterte mit den Flügeln, heftiger als je zuvor. Dadurch wurde ihm warm, dann heiß, und schließlich brannte er vor Hitze. Der letzte Augenblick nahte. Gerade als die Sonne verschwand, wurde der Phönix zu einem großen Feuerball. Er versuchte nicht, die Flammen zu löschen, die ihn verzehrten. Das gnädige Feuer erfüllte seine Aufgabe rasch, und innerhalb weniger Minuten blieb nur glühende Asche von dem herrlichen Vogel übrig.

Der Aufruhr im Paradies nach dem spektakulären Tod des Phönix legte sich, und acht Tage lang war der fehlende Weckruf des Vogels alles, was in der glückseligen Langeweile des Paradieses auffiel. Als die Sonne am neunten Morgen mit ihrem mühelosen Aufstieg am Himmel begann, raschelte ein leichter Wind in den Überresten des Phönix. Plötzlich wurde es still im Garten, und die Blicke aller Bewohner richteten sich auf den Scheiterhaufen. Man hörte ein Zischen, und schon stieg der prachtvolle Vogel aus der Asche empor, schöner und lebendiger denn je. Das Paradies war von Freude erfüllt, als die wundersame Kreatur, neu geboren und erquickt, wieder die Flügel hob und die Sonne begrüßte. Mit ihm pries die ganze Schöpfung das ewige, immer neue Leben.

Johanna von Orleans

Emanuel Swedenborg

Joseph Smith

Hildegard von Bingen

Mystische Visionen

Viele Menschen glauben an Engel. Obwohl sie es nicht beweisen können, versichern sie, die Anwesenheit eines Engels gespürt zu haben oder einfach zu wissen, dass ein Schutzengel über sie wacht. Es gibt jedoch eine ganze Reihe von gut belegten Fällen, in denen Menschen Engel tatsächlich gesehen und mit ihnen gesprochen haben. Man nennt diese Erfahrung Angelophanie. *Mystische Visionen können einen Menschen tiefgreifend verändern. Dieses Kapitel befasst sich mit Johanna von Orleans, Emanuel Swedenborg, Joseph Smith und Hildegard von Bingen, deren Visionen – in denen auch Engel erschienen – weitreichende Folgen hatten.*

Obgleich diese Visionäre zu verschiedenen Zeiten und an verschiedenen Orten lebten, haben ihre Erlebnisse vieles gemeinsam und stimmen mit fast allen anderen Berichten über Begegnungen mit Engeln überein. Mystische Visionen sind meist in strahlendes, überirdisches Licht getaucht. Obwohl die himmlischen Besucher hilfsbereit und gütig sind, fürchten sich die Menschen zunächst vor ihnen. In allen vier Fällen, die hier beschrieben werden, hatten die Engel einen bestimmten Auftrag.

Religiöse Erfahrungen lassen sich kaum logisch erklären; dennoch haben Theologen, Philosophen und Psychologen viel darüber geschrieben. Einige äußern den Verdacht, diese Visionäre hätten an Schizophrenie, Migräne, zwanghaftem Lügen oder überaktiven Hormonen gelitten. Der Psychologe und Philosoph William James bezeichnete hingegen Menschen mit mystischen Erfahrungen als religiöse Genies und schrieb ihnen erhöhte emotionale Sensibilität zu. Das gilt gewiss für Johanna und

Joseph Smith

Hildegard, die schon als kleine Kinder religiöse Visionen hatten.

Die meisten Visionen kommen unerwartet, aber man kann sie auch mit magischen Riten herbeiführen. Engel lassen sich zwar nur selten rufen, doch die erste Angelophanie von Josef Smith, dem Gründervater der Mormonen, war eine Antwort auf ein Gebet. Smith erhielt den Auftrag, das *Buch Mormon* zu übersetzen, nachdem er Gott um ein »himmlisches Zeichen« gebeten hatte.

Neurologische Studien belegen, dass eine elektrische Stimulation des rechten Schläfenlappens (des Gehirnteils, der für Intuition, Gedächtnis und Gefühle zuständig ist) Halluzinationen auslöst, wie sie auch bei religiöser Trance und Ekstase auftreten. Allerdings ist schon seit Jahrhunderten bekannt, wie man mit natürlichen Mitteln die materielle Ebene überschreiten kann. Gebet, Sprechgesang und Meditation sind einige Methoden, um intellektuelle Hindernisse zu beseitigen, die das Materielle vom Spirituellen trennen.

Es wäre fruchtlos, etwas Ungreifbares und Göttliches wie eine mystische Vision wissenschaftlich erklären zu wollen. Der Geist lässt sich nicht wissenschaftlich messen; er ist subjektiv und persönlich. Außerdem muss man mystische Erfahrungen nicht beweisen, denn für die Wenigen, denen sie zuteil wurden, sind sie ohnehin sehr real.

Emanuel Swedenborg

JOHANNA VON ORLEANS (Jeanne d'Arc)

Johanna von Orleans (1412–1431) gehört zu den berühmtesten Heiligen. Wäre ihr allerdings vor ihrem Tod auf dem Scheiterhaufen mit kaum neunzehn Jahren nicht häufig der Erzengel Michael erschienen, würde sie wohl kaum einen so wichtigen Platz in der religiösen und weltlichen Geschichte einnehmen.

Johanna wurde in einer Bauernfamilie im französischen Dorf Domrémy-la-Pucelle geboren. Als Michael sie zum ersten Mal besuchte, war sie erst dreizehn. Wie die meisten Bauern jener Zeit konnte sie weder lesen noch schreiben und hatte keine Ahnung von Theologie. Was sie von Michael und den Heiligen wusste, basierte allein auf dem Volksglauben. Auf eine physische Krankheit lassen sich ihre Visionen nicht zurückführen, und sie bestand immer darauf, dass sie Engel mit ihren Sinnesorganen und nicht »innerlich« wahrnahm.

Die Botschaft des Engels

Johanna von Orleans, oder Jeanne d'Arc, wie sie auch genannt wurde, wurde zur Märtyrerin, weil sie ihre Visionen für wahr hielt. Sie war fromm und ihrem Land und seinen Menschen überaus treu. Standfestigkeit angesichts mächtiger Gegner hat schon viele Menschen zu Märtyrern gemacht, aber nicht alle gelten als Helden oder Heilige. Wenn unsere Feinde sich für ihren Glauben opfern, machen wir sie eher zu Dämonen.

Nur wenige Menschen müssen entscheiden, ob sie für ihre Überzeugung töten oder in den Tod gehen sollen. Wer sich dabei nur auf einen tief verwurzelten Glauben verlässt, kann Konflikte auslösen. Anders als Johanna werden die meisten Menschen nicht von Engeln beraten. Taten lassen sich viel leichter beurteilen als der Glaube. Wenn Sie anderen schaden, haben Sie wahrscheinlich etwas falsch gemacht, einerlei, welches Motiv Sie haben.

Die Stimme eines Engels

Es war herrlich, die warme Sommersonne im Gesicht zu spüren. Johanna lächelte still vor sich hin. Sie kniete im Garten und pflückte Rosmarin und Lavendel. Als die Glocke der Kapelle zwölf schlug, hielt sie inne und lauschte. Aus ihrer Verzückung hätte man schließen können, sie knie vor der Heiligen Jungfrau. Johanna, die Tochter von Jacques d'Arc und seiner Frau Isabelle, war ergriffen von der friedlichen Schönheit, die sie umgab. Das Leben konnte für sie nicht herrlicher sein!

Vielleicht lag es an diesem mystischen Augenblick, dass sie das Gefühl hatte, die Glocke schlage viel öfter als zwölf Mal. Johanna konzentrierte sich auf die Dorfkapelle. Die Glocke hörte nicht auf zu schlagen, doch ihr Ton hatte sich geändert – in das Geläut mischte sich der Klang einer beschwingten, überirdischen Stimme. Johanna bekreuzigte sich, nicht aus Ehrerbietung, sondern aus Furcht.

»Fürchte dich nicht«, sagte die Stimme. Rasch bekreuzigte sich Johanna erneut. Die Stimme lachte leise. »Hab keine Angst«, wiederholte sie.

»Warum nicht«, fragte Johanna scheu.

»Weil ich vom Himmel komme«, lautete

Opfert, was recht ist,
und hoffet auf den Herrn.

PSALM 4:6

die Antwort. Ein plötzlicher Lichtschwall unterstrich die Behauptung der Stimme, und einige atemlose Momente später guckte Johanna zaghaft zwischen den Fingern hindurch und sah einen stattlichen jungen Mann in der Mitte des Gartens. Er war in goldenes Licht gehüllt und hielt ein Schwert in der Hand. Mehrere andere leuchtende Wesen umringten ihn. Jetzt wusste Johanna, dass der Erzengel Michael vor ihr stand, und das bedeutete, dass die anderen Geister ebenfalls Engel waren.

Johannas Furcht verschwand, und eine Ehrfurcht ergriff sie, die sogar die Glückseligkeit übertraf, die sie auf der Wiese mit den wilden Blumen in der Nähe ihres Hauses spürte. Michael riss sie aus ihren Träumen.

»Du wurdest für eine besondere Aufgabe auserwählt. Du musst die Engländer aus Frankreich vertreiben und den Dauphin als rechtmäßigen König krönen«, erklärte der Engel.

Johanna war überwältigt. Wie sollte sie diese gewaltige Pflicht erfüllen? Als könne er ihre Gedanken lesen, fuhr Michael fort: »Suche den Rat der gesegneten Heiligen Katherina und Margaret. Sie werden dich oft besuchen und ich ebenfalls.«

Johanna war tief in Gedanken versunken, als Michael und die anderen Engel sich im Licht auflösten. Sie wusste, dass ihre Kindheit vorbei war. Der Weg, den sie nun gehen würde, war nicht leicht; aber er würde sie gewiss in die Herrlichkeit führen – immerhin hatte sie Engel als Begleiter.

EMANUEL SWEDENBORG

Obwohl manche Leute an seinem Verstand zweifelten, schrieb Emanuel Swedenborg (1688–1772) zahlreiche Bücher über seine Gespräche mit Engeln und seine vielen Besuche im Himmel. Bevor er spirituelle Träume und Mitte fünfzig auch Visionen im Wachzustand hatte, war Swedenborg international als Naturwissenschaftler, Mathematiker, Erfinder und Philosoph anerkannt.

Swedenborg war ein gebildeter, weit gereister Schwede und erfolgreicher Wissenschaftler und Beamter, als eine spirituelle Krise sein Leben änderte. Im Frühling 1745 besuchte ihn ein Geistwesen und erklärte, Gott habe ihn beauftragt, die wahre Natur der Schöpfung zu enthüllen. Swedenborg verbrachte den Rest seines Lebens damit, umfangreiche theologische Abhandlungen zu schreiben. Seine bekanntesten Werke sind Himmel und Hölle *und* Arcana Coelestia (»Himmlische Geheimnisse«).

Die Botschaft des Engels

Anders als die traditionellen Theologen glaubte Swedenborg, dass Engel nicht im Himmel von Gott geschaffen werden, sondern aus den Seelen verstorbener Menschen entstehen. Nach seiner himmlischen Hierarchie wird der Rang einer Seele von ihrem Glauben während des irdischen Lebens bestimmt. Egoismus – den Swedenborg »Selbstliebe« nennt – entfernt Engel und künftige Engel von Gott, weil er materiell ist und das Spirituelle leugnet.

Sie müssen jedoch kein Asket sein, um spirituell zu leben. Schon wenn Sie kleine, einfache gute Werke tun, sammeln Sie Engelpunkte. Ein Lächeln und ein »Danke« oder »Bitte« kann bei Menschen, die einen schweren Tag hinter sich haben, Wunder tun. Dadurch erkennen Sie ihr engelhaftes Potenzial an und stärken Ihr eigenes.

Ein neues Leben

Das Feuer im Herd der eleganten englischen Herberge brannte hell. Emanuel Swedenborg, der berühmte Wissenschaftler und Philosoph, saß in einem großen, bequemen Lehnstuhl und wärmte sich die Hände am Feuer. Es war ein ungewöhnlich kühler Frühlingsabend in London, doch der Urlauber war Schwede und daher an Kälte gewöhnt. Er dachte an wichtigere Dinge. Sein weltliches, materialistisches Leben reizte ihn nicht mehr. Er starrte die brennenden Scheite an, als enthielten sie die Lösung seines Problems.

Dann nickte er kurz ein – zumindest glaubte er das. Während er die Augen geschlossen hatte, war aus dem Feuer ein schwaches Flackern geworden. Gewiss hatte er nicht so lange geschlafen. Er zog die Taschenuhr aus der Weste. In der Tat – es konnten nur ein paar Minuten sein. Dennoch war das Feuer fast erloschen. Der ganze Raum war jetzt so dunkel, als sei es Nacht geworden. Swedenborg rieb sich die Augen, um zu prüfen, ob sie schwach geworden waren. Nein, der Raum war wirklich pechschwarz. Dann bemerkte er hinter sich ein schwaches Glühen. Er stand auf und drehte sich um. Ein leuchtender, prächtig gekleideter junger Mann stand mitten in dem nunmehr leeren Raum. Tische, Stühle und Gäste waren verschwunden.

»Guten Abend, Emanuel«, grüßte ihn der Jüngling.

Swedenborg konnte vor Staunen nicht sprechen. Die Erscheinung lächelte freundlich, und sofort fühlte der ältere Mann sich seltsam wohl. Schließlich gewann Swedenborg seine Fassung wieder.

»Wer bist du? Und woher kennst du meinen Namen?«, fragte er stotternd.

Der Geist erklärte, er sei ein Engel und wolle ihm den wahren Sinn seines Lebens zeigen. Die meisten Menschen hätten eine so kühne Behauptung verworfen; doch Swedenborg hatte genau diese Offenbarung gesucht, und alles, was er seit vielen Monaten

gefühlt und gedacht hatte, wurde nun von diesem Engel bestätigt. Swedenborgs Gedanken rasten, als ihm klar wurde, was das bedeutete.

»Gott braucht einen modernen Propheten auf der Erde«, fuhr der Engel fort. »Er braucht jemanden, der die Tradition fortsetzt, die mit den alten biblischen Propheten begann.«

Swedenborg wollte mehr wissen, und der Engel erläuterte: »Du musst oft den Himmel besuchen und mit den Engeln sprechen. Aber du musst dich darauf vorbereiten. Lies die Bibel. Liebe Gott mehr als dich selbst.« Der dunkle Raum wurde wieder lebendig, Menschen und Möbel nahmen wieder ihren richtigen Platz ein. Die langen Schatten der Abenddämmerung kehrten zurück. Der Engel verschwand allmählich.

»Geht es Ihnen gut, Mr. Swedenborg?«, fragte der Wirt und beugte sich über seinen Gast, der im Lehnstuhl zusammengesunken war. Swedenborg versicherte, ihm fehle nichts. Er entschuldigte sich, ging in sein Zimmer und packte. Er wollte nach Hause reisen und seine neue Aufgabe erfüllen. Es gab viel zu tun, der Himmel wartete auf ihn.

Gastfrei zu sein vergesset nicht,
denn dadurch haben einige ohne
ihr Wissen Engel beherbergt.

HEBRÄER 13:2

JOSEPH SMITH

Als Joseph Smith (1805–1844) einundzwanzig Jahre alt war, begann er einen alten Text zu übersetzen, der auf zwei goldenen Tafeln geschrieben stand. Bald würde daraus das Buch Mormon werden. Smith fand diese außergewöhnlichen Tafeln in der Erde an einem Berghang im Staate New York. Vier Jahre zuvor war ihm der Engel Moroni in einer Vision erschienen und hatte ihm den Fundort offenbart. Fast drei Jahre nach dem Fund war die Übersetzung vollendet. Ihre Veröffentlichung erregte großes Aufsehen und löste eine Menge Streit aus – wie Smiths ganzes Leben.

Die Visionen begannen in seiner Jugend. Mehrere Engel und viele biblische Gestalten – darunter Elija, Moses, Johannes der Täufer und Jesus – besuchten ihn. »Der Prophet« wurde von seinen Anhängern verehrt und von seinen Feinden verfolgt. Als ein Mob ihn in einem Gefängnis umbrachte, hatte sich das Mormonentum bereits gefestigt.

Die Botschaft des Engels

Joseph Smith begegnete großem Widerstand, als er die Kirche der Mormonen gründete. Wie viele umstrittene Visionäre wurde er für seinen Glauben zum Märtyrer. Trotzdem war er erfolgreich, denn er gründete die Kirche Jesu Christi der Heiligen der letzten Tage, die in seinem Geburtsland blüht und gedeiht. Ohne Beharrlichkeit und einen unbeugsamen Geist hätte er das nicht erreicht.

Ausdauer bedeutet Geduld und Kampf. Jeder, der wirklich an etwas glaubt, wird in seinem Glauben geprüft, und wenn er nicht bereit ist, Zweifel und Not zu erdulden, ist sein Glaube nicht echt. Tiefer Glaube setzt Mut und Beharrlichkeit voraus; aber auch das Gegenteil ist wahr: Wir brauchen Beharrlichkeit nicht nur, um unseren Glauben zu verteidigen, sondern auch, um ihn zu bekräftigen.

Ein Gebet wird erhört

DER JUNGE JOSEPH SMITH BETETE IM Bett. Er war es müde, ständig verspottet zu werden, weil er behauptete, er habe Gott gesehen. Er war verstört und wollte wissen, ob er standhaft bleiben sollte. Konnte er leugnen, was er wusste? Er war erst vierzehn Jahre alt gewesen, als ihm der himmlische Vater und sein Sohn erschienen waren. Vielleicht hätte er seine Vision für sich behalten sollen. Doch nun war es zu spät. Darum flehte er Gott an, ihm ein Zeichen zu senden, und er zweifelte nicht daran, dass er es bekommen würde.

> *Geduld aber habt ihr nötig,*
> *damit ihr den Willen*
> *Gottes tut und*
> *das Verheißene empfangt.*
>
> HEBRÄER 10:36

Es war in der Nacht der Herbst-Tagundnachtgleiche, eine günstige Zeit für ein göttliches Omen. Während er betete, bemerkte Joseph, dass das dunkle Zimmer mitten in der Nacht langsam heller wurde. Nach wenigen Augenblicken war es taghell. Plötzlich erschien eine herrliche Gestalt, in ein leuchtend weißes Gewand gekleidet, über Josephs Bett. Der Geist schwebte über dem Fußboden, und seine bloßen Hände und Füße waren fast so blass wie sein schneeweißer Umhang. Obwohl der ganze Raum mit himmlischem Licht erfüllt war, hüllte eine fast blendende Aura die Erscheinung ein.

»Deine Gebete wurden erhört«, sagte der Engel. »Mein Name ist Moroni, und Gott hat mich gesandt, um dir eine große Aufgabe zu erteilen.«

Joseph seufzte erleichtert und dankbar. Die Vorsehung war gnädig – er hatte seinem jugendlichen Instinkt zu Recht vertraut. Moroni wartete, bis Josephs Herzschlag sich beruhigt hatte, dann fuhr er fort:

»Es gibt ein Buch, das auf zwei goldene Tafeln geschrieben wurde. Es erzählt von den ersten Bewohnern dieses Kontinents.

Bei den Tafeln liegen zwei Steine, die dir helfen werden, den alten Text zu übersetzen.« Moroni hielt kurz inne, damit Joseph seine Worte verarbeiten konnte. Erst als der junge Mann ein wenig ungeduldig wurde, sprach der Engel weiter.

Moroni erinnerte Joseph an das Alte Testament und zitierte Verse über Maleachi und Elija. Dann sprach er wieder über die goldenen Tafeln. Es war noch nicht Zeit, sie aus ihrem Versteck zu holen, aber Joseph sah vor seinem geistigen Auge, wo sie sich befanden. Während er darüber nachdachte, sammelte sich alles Licht im Zimmer um Moroni, sodass der Rest des Raumes dunkel wurde. Ein Tunnel aus Licht drang durch die Decke, und der Engel verschwand darin. Joseph hatte kaum Zeit, an seiner Vision zu zweifeln, denn Moroni kehrte zurück, wiederholte alles, was er gesagt hatte, und verließ das Zimmer wie zuvor. Und er kam sogar ein drittes Mal mit der gleichen Botschaft!

Nun wusste Joseph, was er zu tun hatte. Er würde im Namen Christi Großes vollbringen. Sein einziger Fehler war sein jugendlicher Eifer, denn er war so naiv zu glauben, alle seine Probleme seien gelöst.

HILDEGARD VON BINGEN

Hildegard von Bingen (1098–1179) war Visionärin, Mystikerin, Lehrerin, Heilerin, Kräuterfrau, Schriftstellerin und Komponistin. Sie wurde im Rheinland als zehntes und letztes Kind einer reichen, adeligen Familie geboren und hatte schon als junges Mädchen himmlische Visionen, die bis ans Ende ihres Lebens andauerten. Als sie acht Jahre alt war, schickten ihre Eltern sie in ein Kloster der Benediktinerinnen. Mit achtzehn war sie Nonne und mit achtunddreißig wurde sie zur Äbtissin ernannt. Ihre ekstatischen Visionen wurden stets von körperlichen Schmerzen begleitet, die einer Migräne ähnelten. Weniger spirituell Veranlagte hätten sich allein mit ihrem Leiden beschäftigt; doch das »lebende Licht«, das Hildegard sah, führte ihre Seele himmelwärts.

Die Botschaft des Engels

Hildegards visionäre Schriften, darunter *Scivias* (»Wisse die Wege«), ihr Meisterwerk über spirituelle Meditation, sind eindeutig ganzheitlich und ökologisch geprägt. Sie schrieb häufig über die »Grünheit«, die alles durchdringt, was gut und göttlich ist. Die Grünheit spiegelt sich in der Natur, aber auch in der spirituellen Welt wider. Disharmonien führen zu körperlicher und geistiger Öde.

Lange vor dem ganzheitlichen Denken unserer Zeit wies Hildegard darauf hin, dass alles mit allem verbunden ist. Wenn wir nicht im Einklang mit den Elementen und anderen Geschöpfen leben, müssen wir leiden. Alles, was wir tun, beeinflusst die Umwelt. Gute Taten tragen Früchte, böse Gedanken, Worte und Taten sind Gift. Wir alle sind Teil der fein gewebten Schöpfung, und alle unsere Taten lösen darin Schwingungen aus, die wir nicht sofort wahrnehmen.

Der Himmel und die Natur singen

ÄBTISSIN HILDEGARD EILTE durch die Flure des Klosters in ihre Zelle. Sie hatte Kopfschmerzen und stolperte, als sie zu laufen begann und die Schwestern Margareta und Mathilda streifte, die sich wissende Blicke zuwarfen. Sie wussten, dass die Äbtissin alleine leiden wollte. Aber Hildegard rannte nicht, um ihren Schmerzen zu entfliehen – sie wartete auf eine neue Vision, die gewiss kommen würde. Sie war bereit.

Hildegard hatte eben die Tür ihrer Zelle erreicht, als der Schüttelfrost einsetzte. Mit zitternden Händen öffnete sie den Riegel, und irgendwie gelang es ihr, die Tür lautlos zu schließen, ohne die anderen zu stören. Sie wollte sich weder hinlegen noch die Augen schließen. Sanft ließ sie sich auf dem Betkissen am Fuße des Bettes nieder. Von dort aus sah sie die winzige Öffnung, die als Fenster diente und die Kammer schwach erhellte. Übelkeit überwältigte sie, und sie senkte den Kopf. Es würde vorübergehen. Nichts durfte sie von ihrer Mission ablenken.

»Schreibe auf und verkünde, was du siehst und hörst«, hatte die himmlische Stimme ihr befohlen, als sie vor fast zwei Jahren den Ruf zum ersten Mal vernommen hatte. Ihr Leben lang hatte sie ihre Visionen für sich behalten, um nicht verspottet oder bestraft zu werden. Sie glaubte, die Botschaften seien nur für sie bestimmt. Doch in ihrem vierundvierzigsten Lebensjahr hatte die Stimme aus dem Licht sie eines Besseren belehrt. Seither schrieb sie alles auf, was sie erlebte, wenn das lebendige Licht auf sie fiel. Gott belehrte sie, und sie würde andere belehren.

Hildegard atmete tief ein. Das linderte den körperlichen Schmerz. Mit jedem Atemzug spürte sie, wie der Heilige Geist in sie eindrang. Ihr Blick fiel auf die winzigen Lichtpunkte, die durch den runden Riss in der Wand flossen. Die Teilchen wirbelten umher, dehnten sich aus, schrumpften, umtanzten einander, bis sie sich zu einem großen, flammenden Lichtball vereinigten. Neun konzentrische Kreise umgaben ein Zentrum aus reinem Weiß, und in jedem Ring befanden sich Myriaden von Gesichtern und Flügeln. Engelheere drehten sich umeinander und sangen herrliche Sphärenmusik. Die Augen und Flügel der Engel glänzten wie Spiegel, sie strahlten ihr inneres Licht aus, zeigten aber auch ihre vielen Gesichter.

Hildegard begann ohnmächtig zu werden. Nein, es war zu früh. Sie musste noch mehr erfahren. Die wirbelnde Kugel wurde heller, die Engelchöre priesen Gott und die Schöpfung immer lauter. Dann sang eine Stimme, die alle anderen übertönte: »Die Stimme der Erhabenheit und der Erlösung ist im Tabernakel der Gerechten.«

Hildegard verstand die Vision sofort. Ihre Seele wurde erhoben, während ihr Leib zu Boden fiel. Sie lag ganz still und dachte nach. Ihr war klar, was sie zu tun hatte. Sie würde den Herrn mit fröhlicher Musik erfreuen. Musik sollte ihre Worte erleuchten und ihre Gedichte verschönern. Mit neuer Kraft erhob sie sich, griff nach der Feder und begann zu schreiben.

Gottes unsichtbares Wesen … wird ersehen seit der Schöpfung der Welt und wahrgenommen an seinen Werken

RÖMER 1:20

GLOSSAR

Abtrünnige oder gefallene Engel: *Die Engel, die im himmlischen Krieg auf Satans Seite gegen Gottes, vom Erzengel Michael angeführtes Heer kämpften.*

Ahura Masda (»der weise Herr«): *Im Zoroastrismus der Schöpfer alles Guten und Schönen.*

Amesha Spenta: (»heilige Unsterbliche«): *Die Erzengel im Zoroastrismus, die Diener von Ahura Masda und Verkörperungen der Tugenden.*

Angelolatrie: *Engelverehrung. Sie gilt bei strenggläubigen Christen als Götzendienst.*

Angelologie: *Das theologische Studium der Engel.*

Angelophanie: *Der Besuch eines Engels.*

Apokryphen: *Schriften des Alten Testaments, die nicht zur eigentlichen Bibel der Juden und Christen gehören.*

Beobachter oder Grigori: *Eine Ordnung von Engeln, die Menschen im Auftrag Gottes unterrichten.*

Bußtag: *Im Judentum und im Christentum ein Tag des Fastens und Betens als Buße für die im vergangenen Jahr begangenen Sünden.*

Cherubim: *Die zweithöchste Ordnung der Engel. Sie wohnen im siebten Himmel und bewachen heilige Orte.*

Chöre: *Die Ordnungen der Engel in der himmlischen Hierarchie. Sie heißen so, weil sie Patrone der Künste sind, vor allem der Musik.*

Ethnarch: *Der Schutzengel eines Volkes oder einer großen Gruppe von Menschen.*

Fürstentümer: *Die Engel, die Völker und andere große Gruppen von Menschen sowie die Religion schützen. Sie nehmen in der himmlischen Hierarchie den siebten Rang ein.*

Herrschaften: *Der vierthöchste Rang der Engel in der himmlischen Hierarchie. Sie wohnen im zweiten Himmel.*

Himmlische Heerschar: *Die Armee der Engel, die unter Erzengel Michael gegen den Satan und seine Rebellen kämpfte.*

Jasatas (»die Hochgeehrten«): *Im Zoroastrismus die niedrigeren Engel, die unter der Leitung der persischen Erzengel (Amesha Spenta) über die Menschen wachen.*

Kabbala: *Eine alte jüdische mystische Tradition auf der Grundlage einer Weisheit, die aus der Vergangenheit oder von einem Engel empfangen wurde.*

Krieg im Himmel: *Der Aufstand, den Satan und seine abgefallenen Engel gegen Gott anzettelten.*

Mächte: *Die Engel, die nach christlicher Überlieferung den sechsthöchsten Rang in der Himmels-*

hierarchie einnehmen. Sie achten auf die Ordnung im Himmel.

Nephilim: *Böse Riesen, die aus der Vereinigung von Engeln (den »Beobachtern«) und sterblichen Frauen entstanden.*

Nirwana: *Im Buddhismus das höchste Ziel einer Seele nach vielen Inkarnationen.*

Pandemonium: *Der griechisch-lateinische Name für die Hauptstadt der Hölle im Buch* Das verlorene Paradies *von John Milton.*

Seraphim: *Die höchste Ordnung der Engel in der himmlischen Hierarchie. Sie sind Gott am nächsten.*

Sohar: *Ein wichtiger Text, der im 13. Jahrhundert geschrieben wurde. Er gehört zur jüdischen mystischen Tradition, die man Kabbala nennt.*

Talmud: *Eine jüdische Schrift, entstanden in mehrhundertjähriger Überlieferung, die etwa 500 n. Chr. abgeschlossen wurde und von Theologie und der Lehre der Bibel handelt.*

Throne: *Dem Pseudo-Dyonysius zufolge die dritthöchste Ordnung der Engel. Diese Engel gleichen feurigen Rädern, die vor dem Thron Gottes kreisen.*

Tugenden: *Die fünfte der neun Ordnungen der Engel. Diese Engel besuchen die Erde, um im Auftrag Gottes Wunder zu vollbringen.*

Verkündigung: *Der Besuch des Erzengels Michael bei der Jungfrau Maria, um die Geburt Christi anzukündigen.*

Verlorenes Paradies: *Der Garten Eden nach dem Sündenfall und der Vertreibung Adams und Evas.*

Walhall: *In der nordischen Mythologie der himmlische Saal, in dem die Seelen gefallener Krieger nach dem Tod feiern.*

Zoroastrismus: *Eine alte persische Religion, die der altiranische Prophet und Religionsstifter Zoroaster (auch Zarathustra) gegründet hat.*

REGISTER